노키즈존 한국 사회

별도의 표시가 없는 한 교육공동체 벗이 생산한 저작물은 크리에이티브 커먼즈
[저작자표시-비영리-변경금지 4.0 국제 라이선스]에 따라 이용하실 수 있습니다.
http://creativecommons.org/licenses/by-nc-nd/4.0

노키즈존 한국 사회
어린이를 혐오하는 나라에서 환대하는 나라로

ⓒ 장하나 외, 2025

2025년 7월 17일 처음 펴냄

글쓴이 | 장하나, 이은선, 백운희, 따이루, 남궁수진, 난다, 김용실, 김영미, 곽지현, 공현
편집부장 | 공현
책임 편집 | 공현
출판자문위원 | 이상대, 박진환
디자인 | 이수정, 박대성
제작 | 세종 PNP

펴낸이 | 김기언
펴낸곳 | 교육공동체 벗
이사장 | 오정오
사무국 | 최승훈, 설원민, 공현
출판등록 | 제2011-000022호(2011년 1월 14일)
주소 | (03971) 서울시 마포구 성미산로1길 30 2층
전화 | 02-332-0712
전송 | 0505-115-0712
홈페이지 | communebut.com

ISBN 978-89-6880-193-8 (03330)

노키즈존 한국 사회

어린이를 혐오하는 나라에서
환대하는 나라로

장하나
이은선
백운희
따이루
남궁수진
난다
김용실
김영미
곽지현
공현

교육공동체벗

차례

들어가는 글

어린이가 먼저 멸종하기 전에 | 장하나 7

1부 어린이를 혐오하는 사회

'애새끼', '초딩'에서 '잼민이', '금쪽이'까지 | 난다 18
- 어린이에 대한 멸칭과 혐오 표현의 사례들

어린이 안전을 위해 내어준 '이름'들, 만들어 낸 '법'들 | 곽지현 35
- '민식이법 놀이'란 없고, 길 위에서 위태로운 어린이들은 있다

노키즈존으로 읽어 내는 어린이 배제 사회 | 백운희 60
- 어린이와 여성 양육자를 위축시키는 차별

체벌, 어린이에 대한 합법화된 폭력 | 공현 96
- 체벌은 사라지지도, 금지되지도 않은 현재의 문제다

어린이들의 목소리에 돌아온 어른들의 '억까' | 남궁수진 121
- 핵 오염수 방류 반대와 기후 소송에 나선 어린이들은 어떤 반응을 마주했나

성평등·성교육 도서는 어린이의 권리다 | 김용실 136
- '금서'가 아니라 모두에게, 더 많이 필요한 책들

2부 어린이는 시민이다

"어린 사람은 아랫사람이 아니다!" | 이은선 156
- 나이주의적 언어 문화를 바꾸어야 한다고 외치는 이유

"어린이도 시민이다!" | 김영미 174
- 어린이책에서 어린이 삶의 고통을 응시하다

"어린이·청소년은 더 많은 자유시간이 필요하다!" | 따이루 201
- 어린이·청소년의 입장에서 교육 문제를 이야기한 '학습 시간 줄이기'

나가는 글

혐오와 보호는 함께 작동한다 | 공현 220

저자 소개 228

들어가는 글

어린이가
먼저 멸종하기 전에

장하나

 엄마가 되기 전에는 요즘 어린이들의 삶이 풍요로운 줄 알았다. 어린이는 어딜 가든 환대받는 존재인 줄 알았다. 대체 누가 어린이를 싫어한단 말인가? 가정과 학교에서 체벌도 거의 사라졌으니, 어린이에게 더 안전한 사회가 된 줄 알았다. 엄마가 되기 전에는 몰랐다. 요즘 어린이들이 겪는 고난을.

 이런 말을 하는 사람들이 있다. "요즘 애들은 갖고 싶은 거 다 갖고, 먹고 싶은 거 다 먹고, 부족한 게 없어." "요즘 애들은 모든 게 풍족해서 나약해." "요즘 애들은 너무 오냐오냐 키워서 버릇이 없어." "요즘 애들은 자기밖에 몰라."

'갖고 싶은 거 다 갖고, 먹고 싶은 다 먹는' 요즘 어린이들은 절대적 빈곤이 아닌 경제적 불평등과 사회 양극화 때문에 어린 시절을 통째로 저당 잡히고 있다. 가장 가까운 사람들이 사랑과 보호를 내세워 어린이들의 놀 권리를 짓밟고 꿈꿀 자유를 빼앗는 일이 숱하게 벌어지고 있다. 급기야 '0세 사교육', '4세·7세 고시' 등 있어선 안 될 일들이 지금 이 땅에서 벌어지고 있다. '레벨'이나 '테스트'는 어린이에게 결코 적용해선 안 될 개념이다. 어른들은 어린이들에게서 행복추구권을 박탈한 것으로도 모자라, 나약하다느니 버릇이 없다느니 이기적이라느니 어린이를 탓하고 헐뜯는다. 여기는 아동 혐오 사회 대한민국이다.

 어른들은 자신이 어린이를 사랑하는 줄 안다. 하지만 존중을 결여한 사랑은 사랑이 아니다. 어린이는 모두와 동등한 인간이며, 특별한 보호를 받는 동안에도 어린이는 자기 삶의 주인이다. 어린이는 자유롭게 꿈꿀 권리와 꿈을 포기할 권리를 가진다. 어른이 대신 꾸는 꿈은 꿈이 아니다. 그건 어린이의 꿈을 짓밟고, 인류가 진보할 가능성을 제거하는 어른들의 만행이다. 어른이 어린이를 타자화할 때 아동 혐오가 시작된다. 소유물로 여기거나, 상품 취급하거나, 소비자로 간주하는 것 모두 아동 혐오다.

어른들은 우선 어린이들에게 사죄해야 한다. 불평등과 양극화의 문제를 방치하고 심화시킨 나머지, 이 땅의 어린이들은 나자마자 대진표에 이름을 올리고 사각의 링 위에 기어올라야 한다. 이 지옥 같은 현실을 만든 어른들은 '요즘 어린이가 어쩌고저쩌고' 입을 놀릴 자격이 없다. 진정한 어른은 어린이의 꿈을 지키기 위해 최선을 다해야 한다. 어른은 어린이에게 '지금 행복한지'를 수시로 물어야 한다. '나눠 먹어야 맛있다'라는 공동체의 가치를 전달해야 한다. 반면 어린이를 '내 새끼'와 '네 새끼'로 나누고, 내 새끼가 이겨야 한다는 강박에 매몰될수록 모든 어린이가 위험해진다. 어린이가 자유롭게 활보할 수 없는 사회, 어린이가 보호자의 겨드랑이 밑에 격리되는 사회, 어린이가 동료 시민을 겪기 어렵고 시민들도 어린이를 겪기 힘든 사회, 어린이에 대한 무관심과 몰이해가 빚어낸 하나의 거대한 '노키즈존 대한민국'. 그 빗장을 풀기 위해, 어린이의 꿈을 해방하기 위해 이 책은 쓰였다.

이 책에는 청소년인권단체 활동가들, 그리고 정치하는 엄마들과 어린이책시민연대에서 활동해 온 활동가들의 경험과 문제의식을 담았다. 1부 '어린이를 혐오하는 사회'에서는 대표적인 아동 혐오 현상들을 다룬다. '잼민이'와 '금쪽이' 같은 신조어, 어린이 교통안전을 위한 법에 반대하며 괴담을 퍼뜨리는 모습, 오염수 방류와 기후 위기에 대해 말하는 어린이들에게 어른들이 보인 반응 등 이 땅의 현실을 드러낸다. 2부 '어린이는 시민이다'에서는 어린이·청소년에 대한 대안적인 관점과 태도를 담은 활동들을 소개한다. 더 다양한 활동과 실천이 있을 텐데 많이 담지 못한 것이 아쉽다.

나의 어린 시절, 딸의 어린 시절

나는 제19대 국회(2012~2016년)에서 비례대표 국회의원으로 일했다. 2015년 헌정사상 최초로 임기 중에 출산한 국회의원이라는 기록을 남겼으며, 2017년에 엄마들의 정치 세력화를 제안하여 시민단체 '정치하는엄마들'의 창립 구성원이 되었다. 2018년 11월부터 현재까지 정치하는엄마들의 사무국장으로 일하고 있는 비영리 공익 활동가이자 '두리 엄마', 그리고 우리 엄마의 딸이다.

정치인이나 활동가나 엄마가 되는 것이 나의 꿈은 아니었다. 꿈을 이룬 건 아니지만, 큰 보람을 느끼며 나의 일과 삶에 만족한다. 하지만 아직 꿈을 포기한 것도 아니다.

24시간이 모자란 듯, 엄마로서 활동가로서 (부족한) 딸로서 사는 일상에 치이면서도 나는 여전히 꿈을 찾고 있다. '꿈'이란 말이 나를 계속 자라게 해 주는 것 같다. 꿈은 나의 화두다. 내가 정치나 공익 활동을 하는 목적은 '어린이가 돈 때문에 꿈을 포기하지 않는 세상을 만드는 것'이다. 물론 어린이에게는 꿈을 포기할 권리가 있다. 지루해서, 힘들어서, 알고 보니 나랑 안 맞아서……. 다 좋다. 하지만 '돈이 없어서'는 용납하기 싫은 것이다. 이는 나의 어린 시절이 만들어 낸 목표다. 하물며 GDP 세계 13위 대한민국에서, 어린이가 마음껏 꿈꿀 수 없는 현실을 우리는 더 이상 용납해선 안 된다.

초등학생 시절 매년 발간하던 학교 문집에는 전교생의 장래 희망이 실렸다. 나는 저학년 때 한 번 간호사를 썼고 이후에는 주로 판사나 변호사 같은 법조인을 써내다가 6학년 때 문득 "오케스트라 지휘자"라고 썼다. 클래식 연주자가 되고 싶었지만 악기는 사기도 배우기도 비싸니까, 지휘봉만 있으면 되는 지휘자를 생각해 낸 것이다. 가난한 나라도 할 수 있을 것 같아서, 나의 꿈을 돈과 타협한 첫 번째 순간이었다. 그땐 정말 아무렇지 않았다. 가정 환경을 탓하는 건 어리석다고 생각했다. 위인전기의 주인공들처럼 역경은 오히려 성공의 복선이라고 생각했다. 자라나면서 그런 일이 몇 번이나 반복되었지만 난 정말 아무렇지 않았다.

2015년에 엄마가 되면서 요즘 어린이들의 삶에 관심이 커졌다. 한 땀 한 땀 자라나는 딸의 모습 속에서 나의 성장 과정이 띄엄띄엄 되살아났다. 그래서 엄마가 된 이후의 삶은 마치 두 번째 유년기를 맞은 것 같다. 어린 시절에 괜찮았던 많은 일이 지금 돌아보니 너무 안쓰러웠다. 어린이가 너무 괜찮다고만 하는 모습이 안쓰러웠고, 가난 때문에 차별을 당해도 화낼 줄 모르는 모습이 딱했다. 게다가 나는 교사들로부터 왜 그렇게 많이 맞았을까? 하지만 가난해도, 매 맞아도 나의 유년기는 대체로 유쾌하다. 학교에서 반 친구들이랑 놀고, 집에 오면 동네 친구들이랑 놀고, 일요일엔 성당 친구들이랑 놀았다. 저녁 먹고 나서 TV를 엄청 많이 봤는데, 식구가 엄마와 나 둘이라서 엄마가 장사하는 동안 나는 혼자만의 시간을 만끽할 수 있었다. 숙제를 안 해서 맞은 매도 상당한데, 맞아서 불쾌한 기분보다 숙제를 안 해서 유쾌한 감정이 더 클 정도였다. 놀다 지쳐 잠드는 삶은 어린이를 행복하게 만들기에 충분하다.

딸의 유년기와 나의 유년기를 비교했을 때 가장 큰 차

이는 물질적인 풍요다. 음식과 옷이 풍족하고, 책과 장난감이 풍족하고, 매일 따뜻한 물로 씻을 수 있다. 자기 몫의 스마트폰을 가진 어린이도 많다. 그러나 나는 솔직히 요즘 어린이들이 하나도 부럽지가 않다. 먹을 게 풍부하진 않았지만 나도 배고픔은 모르고 자랐다. 체육복 말고는 무슨 옷을 입었었는지 기억도 잘 나지 않는다. 부자인 친구들 집에 놀러 가서 감탄한 적도 있지만, 어린 시절에는 엄마가 있는 곳이면 어디든지 최고였다. 나의 경험에 비추어 볼 때 나는 물질이 어린이를 행복하게 만들 수 없다고 확신한다.

내가 딸에게 선사하고 싶은 어린 시절은 땀 냄새가 시큼해질 정도로 노는 나날들이다. 거기에 '우리 딸은 참 잘 논다'라며 칭찬해 주는 엄마까지. 내 딸의 직업은 학생이 아니라 노는 거다. 모든 어린이는 노는 게 직업이어야 한다. 적어도 사춘기가 되기 전까지는 공부(부업)가 놀이(본업)를 넘어서면 안 된다. 놀면 뒤처진다는 근거 없는 괴담이 대한민국을 휩쓸고 있지만, 10년은 제대로 놀아야 어린이는 평생토록 행복한 삶을 꾸려 갈 힘과 능력을 얻을 수 있다. 오늘이 행복해야 내일도 행복하다.

2021년 여름, 엄마가 병환으로 쓰러지셨고 우리 가족은 갑자기 나의 고향 제주로 이사하게 됐다. 이듬해 딸은 전교생 100명이 안 되는 작은 초등학교에 입학했고 '놀이'를 중시하는 훌륭한 선생님들과 함께 멋진 학교생활을 하고 있다. 딸이 땀범벅에 붉게 상기된 얼굴로 집에 들어오면서 "배고파" 하고 외칠 때마다 나는 한없이 기쁘다. 왜냐하면 그의 온몸에서 기쁨이 느껴지기 때문이다.

그러나 멀리 도시에서는 흉흉한 소식이 들려온다. 많은 초등학교에서 학생들에게 운동장과 놀이터 사용을 금지한다거나, 학생들의 운동장 사용을 자제시키기 위해서 점심시간에 교실에서 유튜브를 틀어 준다는 끔찍한 이야기들이다. 관련 기사를 검색해 보니, 안전사고 발생 시 학부모 항의 민원 때문에 학교 측이 운동장 사용을 금지하는 추세란다. 학교 운동장마저 노키즈존이 된 한국 사회, 이쯤 되면 어린이들의 기쁨과 행복을 염려하는 어른은 거의 사라진 게 아닌가? 그런 우리에게 과연 어른이라 불릴 자격이 있는가?

모든 어린이와 나는 이어져 있다

나는 현재와 미래의 어린이들이 과거의 나보다 행복하

고 안전하기를 바란다. 나는 '연결'이라는 인류의 속성 안에서 '공존'이라는 인간의 선택이 옳다고 믿는다. 나는 인류라는 강줄기를 타고 흐르는, 인간이라는 하나의 물방울이다. 모든 어린이와 나는 하나의 강으로 이어져 있다. 우리의 미약함이 모여 강물을 더 맑게 하고, 강줄기를 더 나은 방향으로 흐르게 할 수 있다. 인간이 강의 일부가 아니라 각자 한 방울의 물이기를 선택한다면, 결국 인류는 증발할 것이다. 그 과정에서 약한 존재들이 먼저 고통받고 사라질 것이다. 인간 중에서는 나도 내 딸도 약한 축에 속한다. 우리에게는 공존이 생존이다.

오늘도 나는 어른이자 어린이다. 모든 어른은 어린이의 연장선이다. 그래서 노키즈존은 '노휴먼존'이다. 어린이를 환대한다는 것은 곧 나를 환대한다는 것이다. 한국 사회가 연결된 감각을 회복하지 않으면 어린이는 결코 행복할 수 없다. 어린이가 먼저 멸종할 것이다.

NO KIDS

1부

어린이를 혐오하는 사회

'애새끼', '초딩'에서 '잼민이', '금쪽이'까지

―――――

어린이에 대한 멸칭과
혐오 표현의 사례들

―――――

난다

어릴 적에 '초딩'이라는 말이 유행이었다. 비아냥대는 말투로 "너 초딩이냐?"라고 하거나, 때로는 화를 내며 "초딩처럼 굴지 좀 마라" 같은 식으로 말하는 걸 경험하곤 했다. '나는 초등학생인데 초등학생처럼 굴지 말라는 건 뭘까? 어른스럽게 행동하라는 뜻인가?' 하고 속으로 생각했던 것 같다.

이후 청소년인권운동을 하면서는 종종 "급식들은 꺼져라", "애새끼들이 뭘 안다고 설치냐" 같은 말을 듣기도 했다. 주로 학교에서의 부당한 폭력과 억압 등 청소년들의 인권이 침해되는 실태에 대한 고발, 우리 사회와 교육이 바뀌어야 한다는 이야기, 청소년들이 함께 참여하고 행동하자고 하는 활동에 대한 반응이었다. 만약 우리가 '아이들을 지켜 주세요', '불쌍한 어린이를 도와 주세요'와 같은 이야기를 했다면 저런 반응들은 거의 없지 않았을까? 이런 말들이 기존 질서를 비판하고 저항하는 사람들을 가로막는 데 쓰인다는 것을 느꼈다.

초딩, 급식(충), 미자, 잼민이, 금쪽이 등 우리 사회에서는 어린이·청소년을 부르는 말들이 참 많다. 완전 "이름은 하나인데, 별명은 서너 개" 같은 식이다. 문제는 이 수많은 '별명'이 그저 다른 이름이 아니라는 것이다. 대부분 어린이·청소년을 비하하거나 차별하는 혐오 표현이다. 그런데도 우리 사회에서는 별다른 문제의식 없이 사용되고 있다.

유구한 어린이·청소년 혐오 표현의 역사

어린이·청소년 혐오 표현의 역사는 꽤 오래되었다. 시대에 따라 유행어가 바뀌듯 단어가 바뀌고 새로운 말이 등장했을 뿐이다. 대표적인 것들을 몇 가지 짚어 보자.*

우선 내가 초등학생이었을 때도 사용되었던 '초딩'이 있다. '초딩'은 초등학생을 줄여서 부르는 말이다. '초딩', '중딩', '고딩'은 각각 초등학생, 중학생, 고등학생을 일컫는다. 주로 온라인에서 자주 사용되며 2000년대부터 유행하기 시작한 일종의 줄임말이자 신조어인데, 계속 쓰이다 보니 이제는 많은 사람들에게 익숙한 표현이다. 이를 활용해서

---

* 이 글에서 '초딩', '급식충', '잼민이'에 관한 내용은 청소년인권운동연대 지음의 자료를 참고했다.

대학생, 직장인을 '대딩', '직딩'으로도 표현할 정도로 널리 쓰이고 있다.

하지만 똑같이 '딩'이 붙은 줄임말이라 해서 같은 의미로 쓰이지는 않는다. 직딩(직장인), 대딩(대학생)은 말 그대로 직장인인 사람, 대학생인 사람을 부르는 말로 받아들여지지만 초딩, 중딩의 경우는 그저 '초등학생', '중학생'이라는 뜻으로만 쓰이지 않기 때문이다. 특히 '초딩'은 쉽게 비하와 무시의 의미를 담아서 사용된다. 우리가 '초딩'이라는 말을 주로 언제 사용하는지를 살펴보면 알 수 있다. 초등학생들이 본인을 직접 소개할 때 "저는 '초딩'입니다"라고 하지는 않는다. '초딩'에 해당하지 않는 사람이 상대방에게 "님, 초딩이세요?", "너 초딩이지?" 하고 묻곤 한다. 이 질문은 상대방이 정말 초등학생인지 아닌지가 궁금해서 물어본다기보다 상대방이 예의가 없다고 느껴질 때, '무개념'하거나 유치하다고 생각될 때 상대방을 '초등학생/중학생 수준'이라고 칭하며 비꼬기 위한 것이다.

'초딩'이라는 말은 초등학생들을 배제하기 위해 사용되기도 한다. 온라인 게임에서 플레이어를 모집하거나 할 때 대놓고 "초딩 사절"이라는 문장을 걸어 놓은 경우를 접할 수 있다. 온라인 외에도, 실제로 초등학생들을 만났을 때

"초딩/애들은 가라"라고 하거나 "PC방에 '초딩'들 많아서 너무 싫다" 같은 말을 공공연하게 한다. 이때 '초딩'은 어른들이나 좀 더 나이 많은 사람들의 세계에서 쉽게 내쫓을 수 있는, 귀찮고 성가신 존재이다.

어떤 사람들은 초등학생이나 중학생 같은 어린 사람들이 예의가 없고 개념 없는 행동을 하는 것은 사실이라고 말한다. 또 '초딩'은 게임을 못하고 여러모로 실력이 부족하기에 그런 걸 지적하고 배제하는 것이 문제가 아니라고 생각하기도 한다. 하지만 모든 어린 사람이 예의가 없거나 능력이 부족하다고 단정 지을 수 없음에도 '초딩'이라는 말은 그 집단 전체를 평가, 비하한다. 그리고 우리 사회는 초등학생이 아닌 사람에 대해서도 예의가 없는 행동을 하는 등의 특징을 가진 사람들을 '초딩'이라고 부르며 무시한다. '초등학생'이 멸칭, 욕이 되는 셈이다. 예의를 지키지 않거나 소위 '진상'인 사람들의 언행을 무심코 '어린 사람'에 비유하는 것은 결국 어린이 청소년을 '부족하고 불완전하고 미성숙한 존재'로 여기는 사고방식에서 비롯되는 것이다. 이러한 고정관념이 강화될수록 '어린 사람'에 대한 차별과 혐오를 조장하는 표현도 더 서슴없이 쓰이게 된다.

초딩보다 더욱 뚜렷하게 혐오를 드러내는 단어로는 '급

식(충)'이 있다. 이 표현은 2010년대 초·중반 일부 인터넷 커뮤니티에서 청소년들을 '급식충'이라고 칭하는 말이 나오면서 퍼진 것으로 추정된다. 벌레를 뜻하는 '충蟲'이라는 말이 너무 대놓고 비하하는 어감이다 보니 '급식'이라고 순화(?)해서 쓰이기도 한다.

사람을 '벌레'라고 부르는 것이 충격적이긴 하나, 한국의 인터넷상에서 '충'이라는 말을 붙여서 누군가를 '벌레'라고 비하하고 혐오하는 문화는 쉽게 찾아볼 수 있다. 그러니 어린이·청소년을 왜 '급식'과 연결시키게 되었는지를 생각해 보자. 여기에는 2010년대 초반, 초등학교 무상 급식 정책이 우리 사회의 주요 관심사로 부상했던 영향이 있었을 것으로 추정된다. 2010년대 이후로는 초·중·고 학생이라고 하면 바로 급식이 연상되게 된 것이다. 또한 '(무상)급식'이라는 말로 누군가를 부르는 것에는, 그 사람이 사회에 '기생'하여 '공짜 밥'을 먹는다는 의미, 자유와 선택권 없이 주는 대로 밥을 먹는다는 의미 등이 연결된다. 비청소년을 대상으로 "무상 급식 먹어라"라고 말하는 것은 감옥에 가라는 또는 노숙인이 되라는 의미이다. 즉, 누군가를 '급식'이라고 부르는 것은 단지 그 사람들이 평일 하루 한 끼를 급식으로 먹는 사람들이라는 사실 진술이 아니며 분명한 비하의 맥락을 담고 있다.

혐오 표현에 먹는 것이 연결되는 일은 비교적 흔한 일이다. 특정 문화권의 사람을 그 사람이 먹는 특정적인 음식이나 향신료, 식재료와 연관해서 비하하는 경우도 많다. 급식충은 그런 점에서 전형적인 혐오 표현이다. 급식충이라는 말은 초딩에 비해서 더 조롱하고 비하하는 느낌이 강하다. 이런 신조어가 탄생하고 어린이·청소년을 가리켜 많이 쓰이게 된 것은 그만큼 어린이·청소년 혐오가 노골적으로 드러나게 됐다는 것을 보여 준다.

'문제적 존재'에 대한 낙인찍기

어린이·청소년을 부르는 비교적 최근에 등장한 이름으로 '잼민이'와 '금쪽이'가 있다. '잼민이'는 2020년 무렵부터 쓰인 말로, 어린이·청소년, 특히 어린이를 가리키는 신조어로 퍼졌고, '초딩', '급식'을 대신해 쓰이는 일이 늘었다. 이 단어는 인터넷 방송의 음성 합성 소프트웨어(TTS) 중 남자 어린이 목소리의 캐릭터 이름이 '재민'이었던 데서 비롯됐다고 알려져 있다. 어린이들을 '잼민이'라고 직접 부르거나, 어리거나 귀엽거나 유치한 모습을 가리켜 '잼민이 같다'라고 하는 식으로 쓰이는 걸 자주 볼 수 있다.

'금쪽이'의 유래는 2020년부터 방영된 〈요즘 육아 금쪽같은 내새끼〉라는 TV 방송 프로그램이다. 이 방송은 2006년부터 약 10여 년간 방송되었던 〈우리 아이가 달라졌어요〉 프로그램과 큰 틀에서 유사하다. 일상생활이나 타인과의 소통 및 관계 등에서 어려움을 겪는 어린이(자녀)와 양육자(부모 등)의 고민을 듣고 전문가가 솔루션을 제공해 주는 식이다. 이 프로그램에서 상담 대상자에 해당하는 어린이를 부르는 호칭이 '금쪽이'인데, 금쪽같이 소중하다는 의미를 담고 있다. 그런데 이 프로그램이 대중적으로 인기를 얻으면서 '금쪽이'가 심리적 문제가 있거나 문제를 일으키는 어린이를 부르는 말로 널리 쓰이게 되었다.

잼민이는 어린이 전반을 일컫는 표현이고, 금쪽이는 어린이 중에서도 일부 집단에 대해서만 쓰이는 표현 같다. 그러나 어린이·청소년을 대상화하고 문제적 존재로 전제한다는 점에서 이 두 표현에는 비슷한 점이 많다. 우선 잼민이의 어원은 캐릭터의 이름이고, 딱히 폭력적이거나 차별적인 말처럼 보이지는 않는다. 그래서인지 별 문제의식 없이 유행어라 생각하며 쓰는 사람도 많은 것 같다. 하지만 어원만이 아니라 그 말이 사용되는 방식과 맥락도 중요하다. 잼민이는 대개 초딩, 급식충 등의 어린이·청소년에 대한 멸칭의 자리를 이어받아서 낮잡아 보는 말로 사용되고 있다. 미성숙하다거나 유치하다거나 무개념하다는 등의 뉘앙스를 담아서 사용될 때는 분명한 차별·혐오 표현이다. 유튜브나 인터넷 커뮤니티를 둘러보면 잼민이라는 표현은 까불거나 민폐를 끼치는 어린이를 비난하고 혼낼 때, '참교육해야 하는 대상'을 가리켜 쓰이는 경우가 많다. 어린이들이 미성숙하고 하찮은 존재, 민폐를 끼치는 불편한 존재라는 인식을 담고 있는 것이다.

'금쪽이'는 그 말만 놓고 보면 어린이가 아주 소중하다는 애정의 표현이고, 도움이 필요한 어린이를 지칭하는 듯하다. 하지만 실제 사례를 보면 "저 사람 금쪽이네", "금쪽이 짓 한다" 등 정서·심리·행동적 어려움을 겪거나 질병을 가지고 있는 이들을 조롱하거나 차별하는 표현으로 많이 쓰이는 것을 알 수 있다. 특히 금쪽이는 학교 현장에서 문제를 일으키는 존재들을 낙인찍는 표현으로 널리 사용된다. 교사의 말을 순순히 따르지 않거나, 다른 사람에게 피해를 끼치거나, 이른바 '문제 행동'을 하는 어린이를 금쪽이라고 부르며 "우리 반엔 금쪽이가 여럿이라 힘들다"라고 하는 식이다.

이는 우리 사회가 문제 상황을 바라보고 대하는 관점과 태도를 반영하고 있다. '문제아(문제 학생)'가 '문제 행동'을 저지르는 것이며 그들은 타인과 공동체에 위험 요소가 되므로 그 존재를 제거하거나 치료·교정해야 한다고 생각하는 것이다. 누군가를 금쪽이라고 낙인찍는 것은 해당 어린이가 겪고 있는 어려움이나 문제 상황을 함께 해결하려는 접근, 구조적 해결책으로는 잘 이어지지 않는다. 누구나 문제를 일으킬 수 있다고 생각하거나, 저마다의 고유함과 차이가 있고 어떻게 받아들이고 공존할지 고민하고 노력하기보다는, '일반적'이지 않은 특성, 질병, 장애 등이 원인이라고 인식하고 그런 문제적 존재들을 처리하려고 하는 태도가 담겨 있는 것이다. 심지어 이제는 '소중한 금쪽이'가 아니라 무가치하고 해로운 존재이므로 '납쪽이'라고 불러야 한다는 주장도 나타나며 더 노골적인 혐오로 흐르고 있다.

누군가의 이름을 별도의 존칭 없이 부르는 방식이란 점도 공통점이다. 이는 어린이·청소년에게는 바로 "○○이", "○○아"라고 이름을 부르고 하대해도 된다는 문화가 반영된 것이다. 즉, 어린이·청소년을 잼민이나 금쪽이로 부르는 것에는 이미 어린 사람을 아랫사람으로 보는 구도가 깔려 있다. 또한 특정한 캐릭터나 방송 속의 이름이 집단 전반을 부르는 이름이 되는 것은 전형적인 차별 현상이다. 소수자들은 옷, 음식, 외모 특징, 캐릭터 등에서 유래한 별명으로 불리며 비하당하는 일이 흔하다. 예를 들어 중국인인을 한국에서 '짱깨'라고 부른다거나 미국 등지에서 '칭챙총'이라고 부르는 사례가 있다. 19세기 미국에서는 흑인에 대한 멸칭으로 "짐 크로우Jim Crow"라는 이름이 사용되었다. 이는 짐 크로우라는 희화화된 흑인 캐릭터가 등장하는 코미디 쇼에서 유래한 것이었다(그래서 이후 생긴 인종차별/분리법을 '짐크로우법'이라고 부르기도 했다).

이처럼 소수자들에게 우스운 별명을 만들어 부르는 것은 소수자들을 하나의 이미지 안에 뭉뚱그리고, '일반적·정상적 사람'과는 다른 특징을 강조해 타자화함으로써 차별을 재생산하는 손쉬운 방법이다. 특히 가상의 캐릭터 이름을 소수자들에 대한 멸칭, 차별적 언어로 쓰는 것은, 소수자들을 개성과 인격을 가진 현실의 인간이 아니라 가상의 재현된 모습으로 인식하도록 한다. 잼민이나 금쪽이가 어린이들을 부르는 이름으로 쓰이는 것 역시 마찬가지 문제를 갖고 있다.

혐오와 차별에 함께 맞서자

초딩, 급식충, 잼민이, 금쪽이 등 널리 쓰이는 말들을 짚어 보았지만 그 밖에도 '미자(미성년자)', '등골 브레이커' 등 어린이·청소년 혐오에 쓰이는 단어들은 많다. 과거에도 특별한 신조어가 없었을 뿐, 어린이·청소년들을 "애새끼", "새끼"라고 직접적 욕설로 부르거나 무시하고 낮잡아 보는 어감을 담아 "애들"이라고 부르는 것은 일반적인 모습이었다. 특정 지역이나 시대에 사용된 혐오 표현도 더 많이 존재한다. 어린이·청소년들은 사회적 약자로서 항상 차별과 혐오에 노출되어 있었다. 잼민이 등 최근의 혐오 표현들은 온라인 환경에서 어린이·청소년에 대한 혐오의 담론이 더욱 발달, 확산되었음을 보여 주며, 놀이나 유머처럼 유통된다는 특징이 있다.

어린이·청소년을 부르는 여러 표현들에 대해 저마다 다르게 느낄 수 있다. 어린 사람을 무시하거나 비하하는 마음을 담아서 쓰는 사람들도 있을 테지만, 한편에선 그냥 귀여워 보여서, 재밌어 보여서 쓰는 사람들도 많을 것이다. 하지만 과연 그 이름으로 불린 어린이·청소년은 자신들이 존중받는다고 느낄까? 어린이·청소년을 부르는 이런 호칭들이 차별적 문화와 태도를 답습하고 있는 것은 아닐지 돌아보고 주의해야 한다.

실제로 2022년 초록우산어린이재단의 조사에 따르면 인터넷 등에서 어린이를 비하하는 뜻으로 쓰이는 잼민이, 급식충, 초딩 등의 표현에 어린이·청소년들의 거부감이 큰 것으로 나타났다. 어린이를 빗댄 표현 중 비하의 의미가 담겼다고 생각하는 용어로 '잼민이'(70.2%, 중복 응답)가 가장 많이 지목받았다. 이어 '급식충'(65.8%), '초딩'(51.0%) 순으로 꼽혔다. 사실 뜻을 명확하게 이해하지 못하더라도 차별이나 모욕, 혐오는 본능적으로 느껴지는 것이다. 외국어를 모르더라도 욕설을 듣는다면 어조나 맥락을 통해 그 의미가 느껴지는 것처럼 말이다. 그래서 언론이나 정부 기관에서도 이러한 어린이·청소년 혐오 표현에 대해 지적하고 반성을 촉구하는 이야기들이 나오고 있다.

이런 혐오 표현이 가지는 해악에 대해 더 많은 경각심이 필요하다. 어떤 사람들은 "잼민이", "금쪽이" 같은 말을 어린이들도 서로 많이 사용하며, 어린이·청소년들은 이런 말을 들었을 때 '무개념'한 일부에게만 해당되는 거라 괜찮다고 하더라며 변명하기도 한다. 하지만 이런 모습은 오히려 혐오 표현이 어린이·청소년들을 억압하고 자기 검열을 하

정부에서 운영하는 아동권리보장원은 2023년에 '함께 만드는 어린이 존중용어 사전' 캠페인을 기획하여, '잼민이' 등 어린이를 혐오·비하하는 표현을 짚고 대안을 제안했다.

게 만든 결과라고 보아야 한다. 초등학교 교실에서 학생들이 시끄럽게 떠든 누군가를 가리켜 "쟤 완전 잼민이야!"라며 "선생님 말을 잘 듣는 우리는 잼민이 아니에요" 하는 식으로 말하는 것을 본 적이 있다. '버릇없는 잼민이', '금쪽이'가 되지 않기 위해, '초딩'처럼 굴지 않기 위해 스스로를 검열하고 통제하게 되는 것이다. 이처럼 소수자에 대한 혐오 표현은 집단 전체를 비하하고 차별하기 때문에 문제이기도 하지만, 소수자들을 특정한 기준과 질서에 맞추도록 억압하고 스스로를 부정하게 만든다는 점도 문제다.

어린이·청소년들은 자신의 나이를 숨기거나 속이는 경우가 종종 있다. 2025년 초, 많은 소수자가 나와서 민주주의를 지키기 위해 발언한 광장에서도, 어린이·청소년은 자신을 학생이나 어린 사람으로 드러내기보다는 다른 정체성으로 스스로를 소개하는 경우를 접할 수 있었다. 이는 어린이·청소년들이 우리 사회가 '어린 사람'을 어떻게 대하는지 알기 때문이다. 마치 여성 게이머들이 자신이 여성이라는 걸 드러냈을 때 차별을 겪는 일이 잦아서 숨길 수 있다면 성별을 굳이 밝히지 않는 것과 마찬가지이다. 어린이·청소년들이 듣게 되는 숱한 혐오 표현들은 어린이·청소년이 멸시받고 공격 당하는 위치에 있음을 똑똑히 느끼게 만든다.

그렇다면 만약 나이가 어린 사람이라는 이유로 무시당하거나 배제당하는 일이 없다면, 나이에 따라 대하는 태도가 달라지지 않는다면, 나이가 무언가를 하고 말고 정하는 기준이 아니게 된다면, 나이를 숨기고 속이는 일도 사라지지 않을까? 차별적인 사회 문화 속에서 차별을 겪는 당사자들은 스스로의 권리도 거부하게 된다. 그것이 살아남는 데에 도움이 되지 않는다고 느끼기 때문이다. 사회의 차별과 혐오가 계속되면 스스로의 존재 자체를 부정하게 되기도 한다. 자신의 어떤 특성이나 정체성 등이 사회적으로 '약점'이 되기 때문에 최대한 빨리 벗어나려 하고, 해당 집단으로 분류되기를 거부하기도 하고, 의식적으로든 무의식적으로든 '정상성'을 획득하기 위해 애쓰는 것이다.

어린이·청소년의 주요 특성이라고 여겨지는 '미성숙'이 대표적인 예일 것이다. 그동안 우리 사회에서 어린 사람들을 차별하고 비하하고 무시하는 것은 어린 사람들이 미성숙하고 부족하기 때문이라고 이야기해 왔고, 이런 인식은 혐오 표현 속에 그대로 담기기도 했다. 이에 저항하며 행동한 어린이·청소년들은 "우리도 충분히 성숙하고 어른스럽다"라고 대답해 왔다. 여기서 더 나아가, "성숙하지 않으면 어때?", "좀 부족하고 어설프면 어때?"라고 답할 수 있어야 한다. '어린이·청소년스러움'이 혐오하고 부정하는 대상이 아니게 되어야 한다. 그래야만 어린이·청소년이 스스로의 존재를 긍정적으로 받아들이고 존엄한 존재로 함께 살아가는 사회를 만들 수 있기 때문이다.

여성 혐오나 장애인 혐오에 대한 문제의식이 커지고 지적이 꾸준히 이뤄지면서 조금씩 변화해 온 것처럼, 어린이·청소년 혐오 표현에 대해서도 인식하고 거기에서 드러나는 한국 사회의 차별과 맞서 싸워야 한다. 어린 사람에 대한 차별과 혐오에 맞서는 것은 '성숙하다고 인정되는 사람들만이 권리를 누리고 대접받을 자격이 있다'는 세상의 기준을 바꾸는 일이다. 우리 사회의 근본적인 변화를 위해 함께 고민할 수 있기를 바란다.

어린이 안전을 위해
내어준 '이름'들,
만들어 낸 '법'들

'민식이법 놀이'란 없고,
길 위에서 위태로운 어린이들은 있다

곽지현

아이를 유아차에 태우고 다니던 때에 식당에 유아차를 끌고 갔다가 거절당했던 적이 몇 번 있다. 식당에 전화해서 자리가 있는지 물어봤을 땐 분명 자리가 있다고 했는데, 아이와 식당에 들어서자마자 갑자기 있다던 자리가 없어진 적도 있었다. 식당에서 밥을 먹을 때도, 마트에서 장을 볼 때도 아이가 '민폐'를 끼치진 않을까 긴장했다. 아이와 함께하면서, 주변에 우리를 불편해하는 사람들이 있는지를 살피는 일이 일상이 되었다. 지금은 아이들이 초등학교 고학년이 되어서 예전보다 많이 편해졌지만, 아직도 식당이나 카페의 노키즈존에 마음 상하는 일이 있다. 그런데 길을 걸으면서 겪는 일들은 이렇게 눈치를 보는 정도와는 비교할 수 없다.

동네에서 유아차를 끌고 가거나 아이의 손을 잡고 걸어가다 보면 많은 자동차를 마주치게 된다. 내가 사는 곳에는 보도와 차도가 분리되지 않은 길이 많다 보니, 차를 피하려 잠시 멈추거나 주차된 차들 사이에서 차가 지나가길 기다렸다가 다시 걷고, 차가 오고 있으니 옆으로 비키자고 아이에게 외치느라 목이 아프다.

  대중교통을 이용하는 데도 어려움이 있다. '대다수의 사람이 이용하는' 대중교통이지만, '대중'이란 범주에 아이와 나는 포함되지 못하는 것 같았다. 유아차를 가지고 버스 타는 것은 한두 번 해 보고 더 이상 도전하지 않기로 했다. 그나마 유아차를 끌고 지하철을 이용하면 잠시 편하긴 하다. 하지만 전철에서 내려 승강기를 찾아 타면 지하철 출구까지 한참 돌아가야 하는 곳이 많다. 그러다 보니 어린 아이 둘을 데리고 대중교통을 이용하는 것이 힘에 부치기 시작했다. 마치 길 전체가 '여기는 노키즈존이니 비키라'고 하는 것만 같았다. 친절하지 않은 길, 도통 편치 않은 대중교통과 '손절'하려 둘째 아이가 네 살 되던 해 자동차 면허를 취득해 보기로 결심했다.

  2019년 가을 운전 전문 학원에서 도로 주행 연수를 받는 중이었다. 도로 주행 시작부터 가파른 오르막길을 올라가야 해서 엑셀을 살짝 밟아 올라갔다. 겨우 올라가자마자 횡단보도 앞에서 신호 대기를 했다. 오르막길이 끝나는 곳에 바로 사거리와 횡단보도가 있는 길이었다. 모든 집중력을 끌어올려 차분히 녹색 신호를 기다리고 있었는데 강사분이 이야기를 건넸다.

"이 길에서 얼마 전에 초등학생이 사고를 당했어요. 그래서 신호등이랑 횡단보도가 노란색이 되었어요. 이 길이 좀 위험하긴 했지."

그러고 보니 얼마 전까지는 하얗던 횡단보도가 노랗게 도색돼 있다. 도로 주행 첫날이라 신호 보고 차선 맞춰 가기 바빴고, 한 아이의 희생 위에 노랗게 물들어 버린 그 길의 아픔을 그날 그렇게 지나쳤다.

몇 주 뒤, 그 길을 걸어서 지나갈 일이 있었다. 경기도 부천시에 위치한 D학교, 교문부터 반경 100m 안에 횡단보도가 3개 있고, 그중 하나는 왕복 4~5차선의 사거리였다. 보행자로 그 길에 서 보니 너무 위험해 보이는 길이었다. 학교 앞에서 아이가 사고를 당하지 않도록 미리 막을 수는 없었던 것일까.

외면할 수 없었던 사건·사고들

엄마가 되고서 뉴스를 보는 게 힘든 때가 많다. 아이들이 교통사고로 다치거나 목숨을 잃는 사건·사고가 꽤 많다는 걸 깨닫게 되기 때문이다. 유치원이 끝나고 아이가 타고 온 유치원 차량에 집 앞에서 사고를 당하기도 했고,

학교 가는 길에 혹은 학원에서 집으로 돌아오는 길에 교통사고가 나기도 했다. 횡단보도를 건너다 우회전하는 차량이나 굴삭기에 무참히 사고를 당하기도 했고, 학교 근처에서 속도를 줄이지 않는 차에 사고를 당하기도 했다. 횡단보도 중간에서 건너려고 기다리다가 사고를 당하기도 했고, 대낮에 음주운전 차에 사고를 당하기도 했다. 아이와 관련된 사고 뉴스를 보면 마음이 너무 아프다. 그리고 막을 순 없었을까 하는 안타까움도 컸다.

2016년 4월, 경기도 용인에서 차에 치인 후 후속 조치가 늦어 세상을 떠난 5세 해인 님, 2016년 7월, 광주 특수학교 통학 차량 내에서 방치로 인해 세상을 떠난 8세 한음 님, 2017년 10월, 서울랜드 주차장에서 비탈길에 주차되어 있다가 굴러 내려온 차량에 세상을 떠난 4세 하준 님, 2019년 5월, 인천 축구 클럽 차량 사고로 세상을 떠난 8세 태호 님과 유찬 님, 2019년 9월, 충남 아산 스쿨존에서 사고로 세상을 떠난 9세 민식 님. 차 사고로 아이를 잃은 양육자들은 남아 있는 대한민국의 모든 아이들을 위해 아이의 이름을 내주었다. 아이를 잃고 창자가 끊어지는 아픔 속에서도 아이들의 이름을 딴 법안을 만들었다. 해인이법, 한음이법, 하준이법, 태호·유찬이법 그리고 민식이법*

은 남은 아이들만큼은 제발 안전하게 지켜 달라는 양육자들의 염원이 담긴 귀한 마음이었다.

2019년 5월, 정부는 '포용국가 아동 정책'을 발표했다. "아이는 양육의 대상이 아니라 현재의 행복을 누려야 할 권리의 주체이다"를 기조로 하고, 아이에 대한 사회의 인식을 바꾸고 아이가 행복한 삶을 살아가는 나라로 만들겠다는 국가의 의지가 담긴 정책이었다. 정부는 보호가 필요한 아동에 대한 국가의 공적 책임을 강화하고, 아동 권리 보장과 돌봄 강화를 추진하고, 아동의 건강을 국가가 돌보겠다고 했다. 그런 정부가 정작 어린이들의 생명과 직접 관련이 있는 '어린이생명안전법안'에 대해서는 왜 챙기지 않는 것인가.

2019년 10월 21일, 국회 앞에서 '포용국가 운운하는 염치없는 대한민국 - "아이들 생명에 빚진 법안들, 정기 국회에서 반드시 처리하라!"' 기자회견을 열었다. 하준 님의 엄마, 태호 님의 아빠와 엄마, 민식 님의 엄마와 아빠, 그리고

---

* 어린이의 이름을 성이나 존칭 없이 가져와 'ㅇㅇ이법'이라고 부르는 관행은 어린이를 하대하는 언어 습관이 반영된 것으로 변화가 필요하다고 생각된다. 다만 여기에서는 이미 사회적으로 통용되는 용어이자 현상으로서 '민식이법' 등의 단어를 그대로 사용했다.

태호·유찬이법을 발의한 이정미 국회의원실, 하준이법을 발의한 이용호 국회의원실과 정치하는엄마들이 함께하는 기자회견이었다.

그동안 발의만 되었다가 사라지는 법안이 이렇게나 많은지 몰랐다. 어린이생명안전법안들도 그랬다. 아이들은 자꾸만 차 사고로 다치거나 심지어 목숨을 잃어 가는데 당장 실행돼도 모자랄 법안들은 자꾸만 계류되었다. 차 사고로 아이들이 목숨을 잃는 사건이 있고 나면 국회의원들은 법안을 발의했다. 표창원 의원이 대표 발의한 '어린이안전관리에 관한 법률안', 그것을 수정 보완한 「도로교통법」 일부 개정 법률안', 권칠승 의원이 대표 발의한 「도로교통법」 일부 개정 법률안', 민홍철 의원이 대표 발의한 「주차장법」 일부 개정 법률안', 이용호 의원 등이 대표 발의한 제2의 하준이법인 「주차장법」 일부 개정 법률안', 윤상헌, 이용호, 이정미, 표창원 의원 등이 대표 발의한 「도로교통법」 일부 개정 법률안'과 이정미 의원이 대표 발의한 「체육시설의 설치·이용에 관한 법률」 일부 개정 법률안', 민식이법으로 알려진 강훈식 의원의 「도로교통법」 일부 개정 법률안' 등이 그렇다. 이 법률들로 늦게나마 다른 사고들이 일어나지 않게 막을 수 있다면 그나마 위안과 위로가

2019년 10월 21일, 국회의사당 앞에서 "아이들 생명에 빚진 법안들, 정기 국회에서 반드시 처리하라!"라고 외치며 어린이생명안전법안 통과 촉구 기자회견을 진행했다.

될 것이다. 하지만 이 법안들은 통과되지 못하고 계속 국회에 머물러 있어 통과를 촉구해야만 했다.

정치하는엄마들은 10월 21일부터 25일까지 모든 국회의원실의 문을 두드려 어린이생명안전법안들을 정기 국회 내 통과시키는 데에 동의해 달라는 동의서를 전달했다. 오늘 전달 못 하면 또 내일, 내일도 못 하면 또 그 다음날 문을 두드리며 모든 국회의원실을 방문했고 296곳에 동의서 전달을 마쳤다. 동의서를 전달하는 과정에서 기억에 남는 몇 장면이 있다. 자리에 앉아 전화 통화를 하면서 놓고 가라고 손짓하던 국회의원도 있었고, 법안이 통과될 수 있는 방법을 알려 준다며 여기서 이러지 말고 다른 정당의 의원을 찾아가라고 말하는 국회의원도 있었다. 또, 출근길에 기자회견 하는 걸 보았다며, 음료수를 챙겨 우리 손에 쥐어 주던 분도 있었다. 본인도 양육자라고 하며 어린이생명안전법안이 통과되기를 응원해 주는 직원에게 위로받기도 했다.

혐오의 대상이 된 민식이법

2020년 12월 10일, 드디어 법안이 가결되었다. 하지만 모든 법안들이 아닌 민식이법과 하준이법만 가결된 반쪽

조차도 안 되는 결과였다. 아이를 잃은 양육자들이 피눈물을 흘리며 할 수 있는 모든 것을 했지만, 어린이생명안전법안들은 결국 온전히 통과되지 못했다. 아이들 이름에 빚진 법안은 정쟁에 이용됐고, 혐오로 범벅이 되었다. 태호·유찬이법, 한음이법 등은 또다시 남겨졌다. 법안이 통과되었지만, 기뻐할 수 없었다.

아쉬움은 그것만이 아니었다. 어린이들의 일상에서 차사고의 위험을 줄이자고 만든 법안인데 의도와는 다르게 왜곡되고 이용됐다. TV의 보험 광고에서는 민식이법이 자꾸 언급됐다. 스쿨존에서 사고가 나면 가중 처벌 때문에 큰일이 날 테니 서둘러 운전자 보험에 가입하라는 것이었다. 민식이법 때문에 소상공인의 생존권이 위협받는다고도 했다. 일부 미디어는 민식이법으로 야기될 시민의 불편을 강조하며 시민들을 불안하게 했다. 아이를 잃고 받을 보험료가 얼만지를 기삿거리 삼았다. 아이를 잃은 양육자들의 피눈물을 보고 '감성팔이'라고 했다. 힘겹게 아이들의 이름을 내준 가족들을 손가락질했다. 사회적 약자인 아이들을 지키지 못해 반성하고 개선하는 것이 아니라, 그 약자를 잔인하게 짓밟았다.

사회 안전망이 부족하다면 확충해서 다른 사고를 막아

야 한다. 막을 수도 있었을 사고를 예방하지 못해서 아이들이 희생됐다. 그래서 앞으로는 좀 막아 보고자 어렵게 어린이생명안전법안이 일부일지언정 통과되었다. 하지만 이 과정에서 가짜 뉴스가 일파만파 퍼졌고, 민식이법을 타깃 삼아 어린이 혐오를 퍼뜨리는 악성 유튜버들의 목소리는 계속 커졌다. 어린이를 조롱하는 단어들도 서슴지 않고 사용했고, 달려오는 아이들을 피하는 '스쿨존을 뚫어라'라는 게임까지 만들어 가며 어린이에 대한 혐오를 확산시켰다.

그 과정에서 '민식이법 놀이'라는 기괴한 단어도 만들어졌다. '민식이법 놀이'라는 이름에는 두 가지 문제가 있다. 첫째, '민식이법 놀이'라는 표현은 사고로 희생된 피해자의 이름을 마치 운전자에 대한 가해자인 것처럼 느껴지게 한다. 어린이보호구역에서 보호받지 못하고 차 사고로 목숨을 잃은 민식 님 그리고 그 양육자는, 최소한 스쿨존에서는 같은 사고를 막아 보고자 귀한 이름을 내주었다. 그런데 차량 주변의 어린이들을 가리켜 '민식이'라고 부르기까지 하며 민식이법을 어린이를 혐오하는 구실로 삼는 모습은 그 뜻에 배반되는 일이다. 둘째, 운전자 위협 행위에 '놀이'라는 말을 붙여 오히려 그 행위의 위험성과 심각성을 가볍게 만들었다.

2021년 5월, 학교에서 '어린이보호구역 교통사고 예방 안내장'이 배부된 일이 있다. 내용엔 어린이보호구역 내에서 일부 아동들이 운전자 위협 행동을 하고 있다며, 보호자들이 주의를 기울여 달라는 내용이었다. 언론에서는 아동들 사이에서 민식이법 중 가해 운전자 가중 처벌을 이용해 합의금을 요구하는 등의 행위가 유행이라고 하며 '민식이법 놀이'란 표현을 사용했다. 심지어 당시 더불어민주당 대권 주자였던 정세균 전 국무총리도 SNS에 "민식이법 놀이를 하다가 적발이 된 어린이는 그 부모에게 책임을 묻고 벌금과 관련한 예방 교육을 이수하게 명령을 할 수 있도록 해야 한다", "민식이법 놀이 때문에 피해 받는 운전자가 발생하면 현재 어린이 사망 시 무기징역에 처할 수 있게 하는 법 조항에 대한 면책을 진지하게 고민해 봐야 한다"라고 발언했다.*

 차량을 위협하는 듯한 행위를 하는 극소수의 어린이들의 블랙박스 영상을 뉴스에서 본 적이 있다. 하지만 그 행위가 실제로 어린이들 사이에서 '유행'하고 있는 것이라고

---

* "정세균 "'민식이법 놀이' 피해 운전자 면책 고민해야"", 〈YTN〉, 2021년 6월 2일.

는 생각할 수 없었다. 유행이라면 수많은 사례가 있어야 할 텐데 몇 개의 영상만 가지고 유행이라고 말할 수는 없기 때문이다. 그런 영상들 중에는 차량을 위협하거나 사고를 유도하려는 것인지, 아니면 위험을 잘 인식하지 못하고 차량 주변에서 장난을 치거나 도로에서 뛰어다니는 것인지 불분명한 사례도 많았다. 또한, 대부분의 언론 기사는 차량 위협 행위를 하는 어린이들이 '민식이법'을 악용한 사례라고 보도했지만, 정말로 그런 행위가 민식이법과 관련이 있는지, 어린이들 사이에서 그런 것이 유행하는지 사실관계에 대해 검증하는 취재는 거의 없었다.

정치하는엄마들은 '스쿨존 내 운전자 위협 행위'를 '민식이법 놀이'로 부르지 말라는 보도 자료를 냈다. '민식이법 놀이'라는 단어로 오히려 피해자의 이름에 가해자성을 부여하고 그 심각성을 축소하는 것은 잘못임을 지적했다. 공공 기관이 인용한 왜곡 보도가 학교 가정통신문까지 퍼진 데에는 언론이 무분별하게 유튜버들의 주장을 받아쓰기 한 것이 작용했다는 것도 지적했다. 정치하는엄마들이 빅카인즈를 활용해 조사해 보니, 이런 언론 보도들은 한 유튜버가 스쿨존 내 운전자 위협 행위를 '민식이법 놀이'라며 공유한 영상을 언론이 인용하면서 시작되었다. 이러한 보도 행태에 대해 비판한 기사는 〈경향신문〉과 〈오마이뉴스〉 각각 1건뿐이었다.*

 2021년 12월 17일, 정치하는엄마들은 8개 언론사에 공문을 보내, '민식이법 놀이' 관련 유튜브 콘텐츠의 댓글 창을 비활성화하고, 관련 보도 시 '스쿨존 내 운전자 위협 행위'로 순화할 것을 요청했다. 〈MBN〉과 〈채널A〉는 해당 기사와 유튜브 컨텐츠를 모두 삭제했고, 〈연합뉴스TV〉 등에서는 해당 유튜브 콘텐츠의 댓글 창을 비활성화하고 해당 기사의 표현을 '스쿨존 내 운전자 위협 행위'로 수정하는 등 적극적으로 조치했다. 정치하는엄마들 교통안전팀 김정덕 활동가는 2021년 11월 시점에 '민식이법 놀이' 관련 지면 및 온라인 기사를 전수 조사한 결과 102건의 기사를 찾아냈고, 해당 언론사에 수정을 요청했다. 하지만 조치한 언론사는 〈세계일보〉 등 극소수에 불과했다. 그는 "〈MBN, 〈채널A〉, 〈연합뉴스TV〉의 발 빠른 조치는 언론사가 자사 보도에 따른 피해를 적극 구제하고, 댓글 창에서 벌어지는 혐오 범죄에 적극 개입해 이를 원천적으로 차단한 좋은 선

---

* 정치하는 엄마들, "'스쿨존 내 운전자 위협행위'를 '민식이법 놀이'로 부르지 마십시오", 2021년 6월 9일.

례로 남을 것"이라고 평가했다.

정치하는엄마들은 경찰청과 교육부, 전국 17개 시·도교육청에도 공문을 보내 어린이 교통안전교육 시 '민식이법 놀이' 대신 '스쿨존 내 운전자 위협 행위'로 표현할 것을 요청했다. 2022년 1월 25일, 서울시 경찰청은 앞으로 '민식이법 놀이'라는 표현 대신 '차도에 갑자기 뛰어드는 위험한 행동'으로 대체해 쓰겠다고 답변했다. 늦게나마 잘못을 인정하고 수정된 대체 표현을 사용한다는 다짐을 받아 다행이다. 그런데 이미 악성 유튜버와 언론이 할퀴어 버린 큰 상처는 누가, 어떻게 치유할 수 있을까.

**진짜로 안 보이나요,
길 위의 위태로운 어린이들이**

민식이법이 시행되고 2021년 봄, 한창 코로나19가 유행이던 시기였다. 아이 친구 엄마들과 메신저로 대화를 하던 중이었다. 이제 1학년이 돼서 학교 가는 길을 가르쳐 줘야 한다는 얘기, 4학년이 되어 자전거를 사 줘야 하나 고민된다는 얘기를 하던 중이었다.

그러다가 학교에 오고 가는 길이 너무 스트레스라는 말

이 나왔다. 코로나19로 2020년은 학교 갈 일이 잘 없다가 서서히 등하교가 정상화되던 해였다. 우리 동네 아이들은 폭이 좁은 이면도로를 지나 등하교해야 한다. 그 좁은 도로에서 차들은 양방향 통행을 하고, 이면도로 양쪽으로는 주차가 되어 있다. 특히 등하교 시간에는 차와 사람이 뒤엉켜 걸어야 한다. 가깝게는 5분에서 멀게는 15분, 학교를 오가는 길에 차를 피하며 걷는 것이 너무 힘들다고 했다. 게다가 비라도 오는 날에는 우산을 쓰고, 아이의 뒤를 따라가며, "차 온다!", "피해라!" 하고 소리치느라 등교시키고 나면 진이 다 빠진다고 했다.

사실 나는 문제의 그 길을 잘 이용하진 않는 편이었다. 마트를 가려면 그 길을 다니긴 해야 하는데, 짧은 길이지만 여러 번 차를 피해야 하고, 차가 지날 때까지 비켜서야 한다. 그래서 조금 돌아가더라도 그 길은 잘 이용하지 않았다. 그런데 이런 생각이 들었다. '아이들은 학교에 가려면 이 위험한 길을 어쩔 수 없이 걸어야겠구나. 민식이법이 있는데도 학교 가는 길은 왜 아직도 위험한 걸까.'

이런 생각을 함께하는 몇몇 양육자를 모아 의논하기 시작했다. 이제 더 이상 이 위험한 길을 그냥 두어선 안 되겠다는 생각이었다. 한 양육자는 아이가 초등학교에 입학

하고 아침에 교통 지도 봉사를 하면서 통학로가 필요하다고 계속 말했는데, 그때의 아이가 고등학생이 됐는데도 변화가 없다면서 분통을 터뜨렸다.

우리는 몇 차례 모여 논의한 후, 부천시의회와 시청, 원미경찰서에 '통학로 개선에 대한 진정서'를 제출했다. 진정서에 든 근거는 「어린이·노인 및 장애인 보호구역의 지정 및 관리에 관한 규칙」이었다. 그리고 민식이법 덕분에 통학로의 필요성과 어린이들의 보행권을 더 강력하게 외칠 수 있었다.

「어린이·노인 및 장애인 보호구역의 지정 및 관리에 관한 규칙」

제3조 ① 초등학교등의 장은(……) 초등학교등의 주변도로를 어린이 보호구역으로 지정하여 줄 것을 신청할 수 있다.

⑥ 시장등은 (……) 보호구역으로 지정·관리할 필요가 인정되는 경우에는 관할 시·도경찰청장 또는 경찰서장과 협의하여 해당 보호구역 지정대상 시설 또는 장소의 주主 출입문(출입문이 없는 장소의 경우에는 해당 장소를 말한다. 이하 같다)을 기준으로 반경 300미터 이내의 도로 중 일정구간을 보호구역으로 지정한다.

지역 시의원들에게 위험한 통학로의 상황을 적어 이메일을 보냈다. 5월 7일부터 일주일간 온라인 설문 양식으로 주민들의 동의 서명도 받았다. 193명이 답변해 주었고, 많은 지지를 전해 주었다. 서명과 함께 등하굣길을 이용하는 학생과 양육자들의 외침을 적어 주었다. '10년 넘게 민원을 넣어도 아직 그대로다. 변화가 없다', '학교 다니면서 늘 위험하다고 생각했다', '주차된 차들이 있어 이미 좁은데 달리는 차까지 피해 다니려니 너무 위험하다' 등.

언론에도 제보했다. 지역 방송사와 〈시사IN〉 변진경 기자가 취재를 해 주셨다. 변진경 기자와 인터뷰하며 우리는 그동안의 일을 하소연했고, 기자는 아이들의 시선에서 등하굣길을 취재했다. 4월 14일에 양육자들이 처음 이야기를 시작한 후, 6월 16일까지 양육자들은 바쁜 일상을 보내면서도 온힘을 다해 통학로 개선을 위해 애썼다. 동네 어린이들의 안전을 위해 우리라도 나서야 한다는 생각이 들었고, 안전한 통학로를 꼭 얻어 내야 한다는 생각에 더 열심히 했다. 다행인 건 학교에서 충분한 역할을 해 준 것이었다. 부천시와 경찰서 담당자가 모이는 자리에 교감 선생님이 함께해 주셨고, 학교장이 할 수 있는 '어린이보호구역 지정 요청서'를 제출해 주었다.

이 문제로 한 시의원이 만나자고 해 왔다. 시의원과 함께 통학로를 걸어 보던 중, 그는 인도와 차도가 분리되지 않아 위험하다며, 반드시 인도가 필요하겠다고 했다. 그렇게 길을 걸으며 어린이보호구역 지정도 필요하겠다는 얘기를 나누고 있는데 한 상가의 주인이 우리를 향해 소리쳤다. "여기 애들이 어디 있다고 그래!"

그래도 동네에 유치원도 몇 개 있고 학교도 있는데, 그분에게는 이 길을 지나는 어린이들이 잘 안 보였던 것일까? 이 길을 걸어 본 사람이라면 위험도 느꼈을 것이고 불편할 텐데, 어린이보호구역에 대해 저렇게 반발을 내보일 수 있나? 아이들의 생명·안전보다 본인의 불편을 못 견뎌 뱉었을 그 말에 우리는 더 분노했다.

우리가 만났던 시 관계자들과 경찰들에게 제일 많이 들은 단어는 '역민원'이었다. 동네에 주차 문제가 심각하니 주차 문제를 먼저 해결해야 한다고 했고, 과속 방지턱 설치도 역민원의 우려가 있고, 일방통행 길로 지정하는 것도 역민원 때문에 주민의 합의가 필요하다고 방어적 태도를 취했다. 심지어 그 합의의 책임을 우리에게 떠밀기도 했다. 시청 공무원도, 경찰서에서 담당 공무원에게도, 국민신문고 답변에서도 어린이보호구역이 안 되는 수많은 이유들을 들어야 했다.

어린이의 안전과 주민의 불편을 같은 저울에 두고 논의해야 한다니, 이게 이래도 되는 일인가. 통학로가 위험하다면 당연히 어린이보호구역으로 지정해 어린이의 안전을 보장해야 한다. 그런데 이게 그렇게 안 될 일인가. 안전이라는 반드시 지켜야 할 가치가 '불편'이라는 사소한 이유로 좌절될 것만 같았다. 게다가 어린이들의 권리는 어른들의 편의에 언제든 뒷전이 되어야 한다고, 사회가 자꾸만 강요하는 것 같았다.

7월, 드디어 시는 어린이보호구역 지정(통합, 확대) 및 해체를 행정 예고하는 현수막을 달았다. 이제 아이들이 차 걱정 덜 하고 학교에 가나 싶었지만, 부천시청은 주민의 반발을 핑계 삼아 어린이보호구역 지정 철회를 결정했다. 시의원과 국회의원을 만나고, 부천시와 경찰과 논의하고, 언론에 제보하는 등의 활동을 몇 달 동안 하면서 온힘을 다했는데 완전히 안전한 통학로를 얻어 낼 수 없었다.

그래도 통학로 일부에 볼라드(차량 진입 방지용 말뚝)를 설치해 보행자가 안전하게 다닐 공간을 확보했고, 나머지 통학로는 초록색으로 도색했다. 볼라드가 설치된 덕에 차 2대가 양방향으로 동시에 갈 수가 없게 되니, 자연스럽게 차들의 속도도 줄었다. 짧은 구간이지만 차도와 보도를 분리해 두니 잠시라도 안전히 피해 갈 길이 생겼다. 보행로가 만들어지고 5년이 지났다. 1학년이었던 아이는 5학년이 되었고, 그 길은 아직도 차들로 복잡하다. 간혹 볼라드가 끝나는 곳에 주차해 둔 자동차도 있고, 아이들이 차 옆을 아슬아슬하게 지나야 하는 순간들이 있다. 민식이법의 힘을 얻어 외쳤던 아이들의 보행권은 여기까지밖에 얻을 수 없었다.

지역마다 학교마다 길 위의 안전을 위한 장치는 제각각이다. 민식이법만으로는 아이들을 지킬 수 없고, 심지어 양육자들이 목소리 높여 안전 장치를 요구해도 만족할 만한 결과는 얻을 수 없었다. 도대체 무엇을 얼마나 더 해야 아이들의 보행권이 보장될 수 있는 것일까.

민식이법이 시행되고 긍정적인 변화가 분명 있다. 부천시에 어린이보호구역 지정 및 해제 건수를 정보 공개 청구해 보니, 민식이법이 시행된 후 2021년에 33개의 어린이보호구역이 지정됐다. 어린이보호구역이 확대되었다는 것은 반가워할 만한 일이다.

하지만 5년간의 분석을 보면 어린이보호구역 내 어린이 교통사고는 크게 줄어든 것으로 보이지 않는다. 12세 이하 어린이 교통사고 중에서 보행 중 사망률도 마찬가지다. 도로 위의 보행자들은 약자일 수밖에 없다. 차와 사람이 부딪히면 당연히 차보다 보행자가 더 다치기 때문이다. 아이들의 경우는 더 심하다. 어린이는 성인에 비해 키가 작다. 사고가 났을 때 성인보다 치명적인 부상을 입게 된다. 어린이의 특성을 중심에 두고 만들지 못한 정책과 법들이 어린이 교통사고가 눈에 띄게 줄이지 못하는 이유 중 하나일 것이다.

어린이는 성인에 비해 눈높이(키)가 낮고 몸집도 작다. 시각·청각·지각력·순발력·상황 판단 능력 등도 상대적으로 약하다. 반면 관심 대상에 대한 집중력·호기심·탐구력 그리고 모든 물체를 놀이의 수단으로 전환하는 능력 등은 다른 세대보다 뛰어나다. 이 약점과 능력 때문에 어린이는 길 위의 안전에서 불리하다. 도로 환경은 성인과 자동차를 기준으로 설계돼 있다. 거기에 맞춰 어린이는 그들의 약점과 능력을 개선하거나 억누를 것을 강요받아 왔다. 그게 지금까지의 어린이 교통안전 대책이었다.*

---

* 〈어린이 입장에서 진짜 '갑툭튀'는 누구일까?〉, 《시사IN》, 734호, 2021년 10월 14일.

한국도로교통공단 어린이 교통사고 분석 리포트(2019~2023년)

		2019	2020	2021	2022	2023
전체 교통사고 중 어린이 사망자		28명	24명	23명	18명	14명
어린이 보호구역 내 어린이 교통사고	교통사고	567명	483명	523명	514명	486명
	사망자	6명	3명	2명	3명	2명
	부상자	589명	507명	563명	529명	523명
어린이 보호구역 지정 현황 (개소)		16,789	16,896	16,759	16,759	16,759
가해 운전자 법규 위반	안전 운전 의무 불이행 사고 / 신호 위반 사고	52.1% / 12.6%	54.9% / 11.4%	54.6% / 11.5%	54.5% / 11.5%	54.2% / 11.5%
12세 이하 어린이 교통사고 중 보행 중 사망자(명)		20명 (71.4%)	16명 (66.7%)	10명 (43.5%)	14명 (77.8%)	12명 (85.7%)

이미 진 빚이 많지만……

2020년 3월 25일, 민식이법이 시행되었고, 2025년 기준 5년이 넘었다. 민식이법이 시행되기 전부터 개정안에 거부감을 크게 드러내는 사람이 많았다. 민식이법의 재개정이 필요하다며 올린 국민청원은 사흘 만에 24만 명의 동의를 얻는 일도 있었다. 청원의 내용은 민식이법이 과도하다는 것으로, 「특정범죄 가중처벌 등에 관한 법률」 개정안이 '형벌 비례성 원칙'에 어긋나 개정이 필요하다는 것이었다.

민식이법이라고 불리는 법은, 「도로교통법」 제12조 제4항과 제5항, 「특정범죄 가중처벌 등에 관한 법률」 제5조의13이 개정된 법이다. 「도로교통법」에선 어린이보호구역에 무인 교통 단속용 장비 설치와 횡단보도의 신호기, 안전표지, 과속 방지턱 등을 설치하게 했다. 「특정범죄 가중처벌 등에 관한 법률」에선 어린이보호구역에서 어린이의 안전에 유의하며 운전해야 할 의무를 위반하여 어린이를 사망에 이르게 했을 경우엔 무기 또는 3년 이상의 징역, 상해에 이르게 한 경우에는 1년 이상 15년 이하의 징역 또는 500만 원 이상 3000만 원 이하의 벌금에 처한다고 되어 있다.

그렇다면 정말 민식이법을 악법이라고 하던 사람들의 말대로, 이 법 때문에 운전자들이 과한 처벌을 받았을까. 2024년 4월까지 민식이법이 적용된 사건 1심 판결 373건을 분석한 결과, 실형은 5.9%, 집행유예는 41.2%, 벌금형은 42.4%였다. 실형 선고 22건 중 절반이 넘는 13건이 1년 이하의 징역형을 선고받았고, 최대는 징역 12년이었다. 실형 선고 형량은 최소 징역 8개월, 최대 징역 5년이었다. 어린이보호구역 내에서 어린이가 교통사고로 사망한 경우에도 집행유예에 그친 경우가 많다. 반면 어린이보호구역 내에서 운전자가 주의 의무와 교통 법규를 지킨 것이 인정되는 경우들에는 무죄를 선고받았다.* 아이를 잃고 모든 게 무너진 가족들에게 무자비하게 떠들어 대던 그런 일은 결국 일어나지 않았다.

열두 살이 된 첫째 아이를 보며, 어린이생명안전법안의 이름이 되어 준 어린이들을 떠올린다. 사고가 없었다면 2025년의 따뜻한 봄날을 마음껏 즐기고 있었을 아이들을 어른들의 잘못으로 너무 일찍 떠나보내야 했다. 그럼에도 그들은 아이들을 지켜 줄 귀한 법을 남겨 주었다.

---

* "민식이법 처벌 운전자 6%만 1심에서 실형… 대다수 집행유예·벌금", 〈안전신문〉, 2024년 9월 3일.

노키즈존으로
읽어 내는
어린이 배제 사회

―――――

어린이와 여성 양육자를
위축시키는 차별

―――――

백운희

"스스로 어떤 문제가 있거나 전염병에 걸린 사람이 된 것 같은 느낌이 들었다고 한다."* 2023년, 전이수 동화 작가는 자신의 SNS에 '노키즈존'이라는 제목의 글을 올렸다. 2018년에 썼던 '우태의 눈물'에 이어 노키즈존에 대한 생각을 담은 두 번째 글이었다. 이 글에서 그는 처음 '노키즈존'을 접했을 때 "납득할 수 없는 말에 놀랐고" 그 후로도 "많은 이유를 들을 수 있지만 아직까지 그 이유들 중 어느 것도 나를 이해시키지 못한다"라며, "거부당하는 우리의 존재에 대한 낯설음은 조금도 적응하지 못하고 있다"라고 했다. 여덟 살 동화 작가로 처음 세상에 알려진 그는 노키즈존 앞에서 마주한 슬픔과 무력감, 배제당한 감정을 어린이·청소년 당사자로서 생생하게 담아내 많은 이들의 공감을 받았다.

알려진 정도에 차이가 있을 뿐, 어린이들은 계속 외쳤다.

---

* 전이수 작가의 2023년 11월 30일 인스타그램 게시물 중.

"내가 어른이 아니라고, 어린이라고 못 들어가게 하면 울고 싶어요. 어른들도 어린이였던 때가 있잖아요. 우리에게 나쁜 걸 가르쳐주지 마세요."(김한나 어린이 활동가)

"차별 대신 함께하는 방법을 가르쳐주세요."(김나단 어린이 활동가)*

어린이들은 "노키즈존은 차별"이라고 말하는 동시에 해결을 요구하고 해법도 제시했다. 함께 규칙을 만들어 지키고 서로 이해하며 다른 사람들과 함께 사는 법을 배우기는 어른들도 마찬가지니, 어린이들 역시 배울 공간과 기회가 필요하다는 당위였다. 이와 같은 의견은 공식 경로로 개진되기도 했다. 2023년 8월 8일 제20회 대한민국 아동총회에 모인 아동 대표 100명은 노키즈존 철폐를 촉구하였고, 해당 의제를 아동총회 최종 결의문에 담았다.

'노키즈존'은 한국 사회가 어린이를 대하는 방식과 태도를 가장 극명하게 보여 주는 공간이자 인식 틀이다. 아동의 특징조차 문제 행동으로 규정해 지나치게 부각시키는

---

* 정치하는엄마들 외, '어린이날 100주년 '어린이 차별 철폐의 날' 선포 기자회견 - 노키즈존 가고! 차별금지법 오라!', 2022년 5월 4일.

2022년 5월 4일, 국회의사당 앞에서 열린 기자회견 모습. 어린이 활동가들은 직접 쓴 발언문을 읽고 직접 만든 피켓을 통해 당사자로서 노키즈존의 차별 문제를 지적했다.

반면에, 엄연히 존중받아야 할 아동의 성원권은 외면하는 모습이다. 차별을 받는 대상의 정치적·신체적 취약성만을 따진다면 노키즈존은 가장 비겁한 차별 중 하나이자 이를 방치할 경우 사회 전반에 미칠 영향이 가장 위험한 차별에 속할 것이다. 노키즈존은 이제 곳곳으로 뻗어 가는 혐오와 차별, 배제의 시원으로 지목되고 있다. 자의적 기준에 따라 특정 인구 집단을 대놓고 차별해도 된다는 근거가 되어 버렸기 때문이다. 노키즈존은 혐오를 공인하는 기폭제였다. 이는 차별, 혐오, 배제를 금기로 여겨 온 도덕적 제방을 무너트렸다. 만인의 만인에 대한 거부를 점점 더 촘촘하게 실천하는 이기주의적 기류와 과도한 자기중심주의에도 정당성을 부여했다.

특히 2024년 12.3 비상계엄 사태 이후 우리 사회가 마주한 상황은 더욱 차별과 혐오의 동학을 살펴야 할 때이다. 일상의 민주주의와 공동체를 회복하기 위한 진단은 광장에도 서기 힘든 어린이, 양육자의 입장과 시선에서부터 출발해야 한다.

차별 경험이 미치는 영향

차별에는 면역이 생기지 않는다. 차별이 거듭될수록 고통은 더 깊어진다. 처음 차별을 경험하는 순간도 마음에 깊이 남는다. 노키즈존을 처음 대면한 것은 아이*가 열 살 때였다. 대구를 방문했다가 평소 아이가 궁금해하던 경주와 거리가 멀지 않다는 생각에 잠깐이라도 들르고자 욕심을 냈다. 천마총이 있는 대릉원을 둘러보고 어느새 저녁 시간, 번화하다는 이른바 '황리단길'(황남동 일원)에서 아이와 함께 갈 만한 식당을 찾았다. 인터넷을 검색하고 발품을 판 끝에 도착한 식당에서 우리를 맞이한 것은 입구에 붙은 "NO KIDS ZONE(0-10세)" 안내문이었다. 한글도 아니고 영어로 쓰인 세 단어 아래에는 "공간이 좁아 아기 의자를 둘 수 없습니다"라는 설명이 있었다. 듣기만 했던 노키즈존을 마주한 것이다.

배가 고팠고 다시 이동하기도 힘들어서 "우리는 아기 의자는 필요 없으니까, 식사할 수 있을지 한번 물어볼까?"라

---

* 국제적 기준에서 만 18세 미만인 사람을 '아동'으로 정의하지만, 이름과 성별(딸, 아들 등) 규정이 아닌 방식으로 자녀를 호칭하는 데는 늘 고민이 따르기 마련이어서 '아이'라고 표현했음을 밝힌다.

며 식당으로 들어서려는 나를 아이가 만류했다. 내내 허기 짐을 토로했던 것과 달리 "많이 배고프지 않으니까, 우리 다른 곳으로 가요"라고 말했다. 짜증 내지 않고 괜찮다는 모습이 오히려 서글펐다. 여행 분위기가 불편해질까 봐 자기가 참으려는 열 살이, 누군가에게는 타인에게 불편함을 줄 수 있어 식당에 들어갈 수 없는 나이였다. "NO KIDS ZONE"이라는 세 단어 앞에서 어린이가 갖는 고유함과 사회성 습득 정도, 양육 방식은 소거됐다.

몇 달 뒤엔 이런 일이 있었다. 양육자인 몇몇 회원들과 그 자녀들을 같이 만날 약속 장소를 마포구의 한 키즈 카페로 정했는데, 도착해 보니 '9세 이상 입장 금지'였다. "영유아들의 안전을 위해서"라고 직원은 설명했다. 다른 곳도 아니고 '키즈' 카페에서 어린이를 자의적 규정에 따라 나이로 배제하는 상황이 쉬이 믿기지 않았다. 아홉 살이 넘으면 형제자매끼리도 한 공간에서는 놀이할 수 없는 것일까? 어린이의 특성과 양육 환경은 전혀 고려되지 않은 채, 다른 어린이의 안전을 차별의 이유로 앞세우는 것을 그저 받아들여야만 할까? 의문이 들었다. 함께 간 동생들은 얼른 들어가고 싶어 안달이었지만 나이를 속일 수도 없는 노릇이었다. 무엇보다 본인이 원하지 않았다. 아이가 체념하

듯 말했다.

"경주에서는 내 나이가 어려서 식당에 들어갈 수 없다고 했는데, 여기는 내 나이가 많아서 동생들과 같이 놀 수 없다는 거네요. 앞으로는 나이 안 따지는 곳으로 가고 싶어요. 동생들이 나올 때까지 다른 곳에서 기다려도, 저는 괜찮아요."

제대로 알아보지 못해 아이에게 차별의 경험을 거듭 안긴 것만 같아 고개를 들 수 없었다. 그 후로도 아이는 연령별 가격 책정이 다른 뷔페 식당이나 공항 리무진 버스 등을 이용할 때 상대가 나이를 물어 오면 티가 나게 위축됐다. 배제의 경험이 아이에게 끼친 영향은 한참이나 이어지는 것 같았다. 양육 과정은 늘 도전과 배움의 연속이었지만, "점잖은 아이라 부모가 좋겠다"는 덕담 아닌 덕담을 들으며 타인의 시선을 크게 의식할 일이나, 타인의 허락이 필요한 상황을 겪을 일은 별반 없었다. 하지만 노키즈존은 어느 정도 아이가 성장했다고 마음을 놓을 즈음 갑자기 찾아온 복병이었다. "장소에 대한 권리를 부정하는 상징적 행동들은 상대방의 존재 자체에 가해지는 폭력이 되곤 한다. '여기 당신을 위한 자리는 없다. 당신은 이곳을 더럽히는 존재이다.'"*

노키즈존을 둘러싼 쟁점들

2010년생인 아이는 '노키즈존 세대'다. '노키즈존'이라는 이름으로 어린이와 어린이를 동반한 양육자의 출입을 제한하는 곳들이 나타나기 시작한 것은 2014년 무렵부터로 추정된다. 그러니까 아이는 노키즈존이 탄생한 사회적 기류 안에서 영유아기를 거쳤고, 아이가 청소년으로 성장하는 동안 우리 사회의 노키즈존도 함께 자랐다. 일상적 공공장소에 아동이 존재하는 것을 꺼리고 배척하는 분위기가 '노키즈존'으로 대표되는 기류를 형성한 것이다.

노키즈존이 등장한 배경으로는 이런 사건들이 거론된다. 2011년, 부산의 음식점에서 뜨거운 물을 옮기던 직원과 아동이 부딪쳐 아동이 화상을 입은 사건[**], 2012년 경기도의 식당에서 직원이 찌개를 나르던 중 유아차 안에 누워 있던 아동의 다리에 국물을 쏟아 화상을 입힌 사건[***]이 발생했다. 두 사례 모두 법원은 식당의 책임 70%, 부모의 책임이 30%라고 판결하여 식당의 손해 배상 책임을 인

---
* 김현경(2015), 《사람, 장소, 환대》, 문학과지성사, 285쪽.
** 부산지방법원 2012가합19126 판결, 2013년 11월 7일.
*** 의정부지방법원 2014가단44161 판결, 2015년 7월 7일.

정하였다. 이들 판결에 대해 업주에게 과한 책임을 물은 것이라는 비판적 인식이 형성되었고, 노키즈존이 생겨나게 되었다는 것이다.

정부 육아정책연구소의 자료에 따르면 2022년 기준 노키즈존 운영 매장은 500곳 이상으로 파악된다. 2018년 10월 기준 376곳보다 상당히 증가한 수치이다. 서울, 경기, 제주 등 대도시와 관광 산업 중심 도시의 비중이 높은 것으로 나타나지만, 노키즈존이 특정 지역만의 문제는 아니다. 카페, 식당 등 일상의 장소 어디든 노키즈존일 수 있다는 임의성이 있고, 어린이들과 양육자들은 지역 사회의 공간 전체를 이용하는 데 제약을 느낄 수밖에 없다. 아울러 연령 제한의 범위 역시 제각각으로 명확하지 않다. 같은 자료를 보면 노키즈존을 운영하는 사업주(205명) 대상 조사에서 연령 제한 범위는 7세 미만에서 0세, 10세 미만, 13세 미만, 18세 미만까지 폭이 넓은 가운데 아예 제한 연령을 명시하지 않고 있다는 곳도 19%였다.*

통상 어떤 공간에서 출입을 제한하거나 이용을 규제하는 경우 구체적인 사물 및 행동을 대상으로 삼는다. 하지

---

* 김아름(2023), 〈노키즈존 운영 실태와 향후 과제〉, 《육아정책포럼》, 78.

만 노키즈존은 특정 연령에 해당하는 어린이 전체의 출입을 차단한다는 점에서 이런 일반적인 경우와 성격이 다르다. 또한 노키즈존 시행 여부와 대상 연령 및 기준 같은 구체적 내용 등은 모두 업주의 재량에 달려 있다.

이에 대해 국가인권위원회는 2017년, 업주에게 영업의 자유는 있으나, 그 자유가 무제한적으로 인정되는 것은 아니며, 「헌법」 제11조, 「국가인권위원회법」 제2조 제3호에 따라 합당한 사유가 인정되지 않는다면 특정 공간에서 특정 집단의 입장을 일률적으로 배제하는 방식은 차별 행위라고 결정했다. 아동들이 선호하는 음식을 판매하는 식당에서 13세 이하 아동의 이용을 일률적으로 제한하는 것은 합리적인 이유가 없는 차별 행위라고 판단한 것이다. 또 백화점 휴게 시설에 10세 미만 아동을 일률적으로 출입 제한하는 것은 차별이라고 시정을 권고했다.

그동안 노키즈존 관련 쟁점은 크게 다음과 같다.* 첫째, 노키즈존은 카페, 식당 등의 업주가 영업 방침으로 설정할 수 있는 자율권에 포함된다는 것이다. 사업장은 업주의 사

---

* 김도균·유보배(2016), 〈노키즈존 확산, 어떻게 볼 것인가?〉, 《이슈&진단》, 221, 경기연구원.

익 추구를 위한 공간이며 사고가 발생할 시 책임 역시 업주에게 귀속된다는 점에서 업주의 정당한 권리에 해당한다는 주장이다. 둘째, 반대로 노키즈존이 어린이에 대한 차별이자 기본권 침해라는 지적이다. 가령 주점, 유흥업소 등 어린이·청소년에게 나쁜 영향을 미칠 것이 명백한 공간은 「청소년 보호법」 등 법률에 따라 출입이 제한된다. 반면 노키즈존을 시행하는 카페나 식당의 경우 근거가 명확하지 않은데도 출입을 제한하므로 자의적인 인권 침해일 수 있다.

셋째, 노키즈존 확산의 결정적 원인으로 여겨지는 고객들의 특성도 주목해야 할 점이다. 비용을 지불하고 서비스를 이용하고자 하는 고객 중 상당수가 어린이의 행위로 인해 방해받지 않기를 원하고, 이를 고객의 권리라고 생각한다는 것이다. 넷째, 어린이의 소란이나 무례한 행위는 양육자가 이를 방관했기 때문이라며 '엄마들'이 비난 대상이 되는 문제다. 비상식적인 행동을 일삼는 엄마들의 존재를 부각시키고 이들을 '맘충', '진상 부모' 등으로 부르는 현상은 우려를 일으킨다.

그러나 이와 같은 쟁점 파악은 노키즈존이란 현상을 피상적으로 다루며, 노키즈존을 둘러싼 사회 구조적 권력과 영향에는 관심을 두지 않고 있다. 노키즈존은 나이를 기준으로 어린이를 배제하고 차별하는 형태를 띠지만, 실제로는 어린이와 함께 (주로 여성인) 그 양육자를 제한하는 것이다. 한 사회에서 노키즈존이 허용되는 것은 그 공간을 넘어 여성 양육자들의 일상적 실천을 위축시키는 효과를 가질 가능성이 높다. 예상치 못하게 출입을 거절당한 경험은 이후 언제 어디서나 다시 거절당할 수 있다는 인식을 낳는다. '금쪽이', '맘충' 등 온라인에서 접하게 되는 혐오의 담론과 결합되어 그 영향력은 광범위하게 미친다.*

결국 노키즈존이 허용되고 확산되는 사회 속에서, 자녀가 있는 여성들은 어린이를 동반한 외출 시 타인의 시선에 대해 상당한 수준의 압박감을 느끼게 된다. 자신들이 공공장소에서 일부 '무례한 엄마들'과는 다르게 얼마나 '개념 있게' 행동했는지 자체 검열하게 된다. 이러한 과정은 입맛에 맞는 여성상, 양육자상, 어린이상을 만들어 내고 이들이 스스로 자기 규율의 노력을 기울이게 하면서, 한편으로는 어린이와 양육자, 여성을 멸시하게 하는 혐오의 전형이다.

---

* 채상원·임지희(2024), 〈변주하는 공간적 권력 : '노키즈존'의 확산 및 '맘충' 담론을 사례로〉, 《공간과 사회》, 34(2).

노키즈존에서 '노섬바디존'까지

노키즈존은 개인의 자유·권리 간의 충돌 문제로 생각되곤 한다. 그러나 이러한 관점은 노키즈존을 옹호하는 것으로 흐르기 쉽다. 노키즈존이 아닌 곳도 많으니 굳이 노키즈존을 비난하지 말고 노키즈존 아닌 곳을 찾아가면 된다는 것이다. 즉 어린이·양육자들도 여전히 선택의 자유를 갖고 있다는 논리이다. 이런 논리를 따라가면 노키즈존을 시행할 업주의 자유, 어린이 없이 조용한 공간을 이용하고 싶은 소비자의 자유가 강조되는 동시에, 다른 곳을 이용할 자유가 있음에도 노키즈존을 비난하는 일부 양육자들의 주장이 문제이고 자유를 침해하는 것이 되어 버린다.

이와 같은 주장에는 차별적인 사고방식이 들어 있다. 업주의 영업의 자유 및 소비자의 방해받지 않을 권리는 누군가를 배제하고 쫓아내면서 적극적으로 보장되어야 하지만, 소수자이자 약자인 어린이와 어린이를 동반한 양육자에게는 노키즈존이 아닌 다른 공간을 선택할 수 있는 소극적인 권리만 보장되어도 충분하다는 것이기 때문이다. 만일 선택의 자유만으로 충분하다면, 조용한 공간을 원하는 소비자들이 그런 곳을 찾아가면 되지 않을까. 그리고 노키즈존을 개인의 자유의 문제로만 바라보는 것은, 특정 집단을 사전에 차단하고 배제하는 것이 합리적이고 평등의 원칙에 적절한지, 어린이들의 공공장소 이용을 제한하는 것이 과연 사회적으로 바람직한지에 대한 논의를 간과하게 한다.

혐오와 차별은 도미노와 같다. 누군가가 배제되면 그 다음, 다음이 차례대로 무너지고 '나와는 상관없는 일'이라고 여겼던 이들의 순서가 된다. 2024년에는 노키즈존에서 파생된 '아류'들이 주목을 받았다. 출입이 제한되는 대상이 세분화되었고 그 대상 역시 특정 행위와 존재로 혼재되어 있다. '노아줌마존', '노아재존', '노교수존'은 물론 12세 이상 청소년들의 출입을 불허하는 '노유스존', 카페에서 공부하는 행위를 금지하는 '노스터디존', 49세 이상 남성의 출입을 거절하는 '노시니어존', 문신한 사람의 출입을 금지하는 '노타투존' 등 여러 종류의 '노섬바디존 no somebody zone'들이 등장했다. 이러다가는 청년층만 빼고 다 출입 금지당하겠다는 우스개도 있었지만, 청년들의 출입마저 금지하는 장소가 등장했다. 2024년, 워싱턴의 한 식당이 오후 8시 30분 이후부터 30세 미만의 출입을 금지했다는 소식이 들려왔다. 이른바 '노잘파존'이었다.*

사실 어린이에 대한 배제 현상이 한국만의 문제는 아니다. 해외에도 노키즈존과 유사한 개념은 있다. 미국에서는 '아동 금지 child ban', 영국이나 호주에서는 '아동 없는 레스토랑 child free restaurants', '아동 없는 장소 child free venue'라고 불린다. 비행기 내에 영유아 동반 고객은 별도의 구역을 이용하도록 하는 해외 항공사도 있다. 유엔아동권리위원회는 2013년 일반 논평을 통해 세계 곳곳에서 공공장소의 상업화가 심화되면서 아동에 대한 관용이 줄어들고, 공동체나 공원, 쇼핑몰 등의 아동 출입 제한 조치로 인해 아동은 '문젯거리', '문제아'라는 인식이 형성되는 것에 우려를 표했다. 아울러 이러한 배제는 아동이 시민으로서 성장하는 데 중대한 영향을 미친다고 강조했다.**

---

* "'잘파세대 못 들어와' 미국서 '30세 미만 출입 제한' 식당 등장에 시끌 [핫이슈]", 〈서울신문〉, 2024년 12월 18일. 잘파는 제트Z 세대와 알파Alpha 세대의 합성어로, 1990년 중반부터 2010년 이후 태어난 이들을 일컫는다.
** 유엔아동권리위원회(2013), 〈일반논평 제17호 : 휴식, 여가, 놀이, 오락활동, 문화생활 및 예술에 대한 아동의 권리〉.

혐오를 생산하고 부추기는 언론

노키즈존과 비슷한 사례가 외국에도 존재한다지만, 한국처럼 어린이와 양육자를 향한 전반적인 혐오와 조롱의 기류가 동반되는 경우는 드물 것이다. 노키즈존 관련 여론 조사를 벌이면 응답자 대부분이 노키즈존 업장이 만들어지는 이유에 대해 '자기 자녀를 제대로 돌보지 못하는 일부 부모들 때문'이라고 답하는 것과도 닿아 있다. 이들이 모두 그런 부모를 직접 경험해 본 것은 아닐 것이다. 어린이와 여성 양육자를 비난하는 온라인 주류 담론의 영향을 간과할 수 없다. 특히 언론이 이러한 혐오를 부추기는 데 앞장서기도 하는 것은 심각한 문제다.

2014년 7개에 불과하던 노키즈존 관련 기사는 2015년 60개, 2018년 109개, 2019년 175개, 2021년 111개, 2022년 125개 등 상승세를 보여 왔다.* 빅카인즈를 통해 "노키즈존"을 검색해 보면, 각기 다른 매체에서 거의 같은 제목으로 출고한 기사들을 무더기로 확인할 수 있다.

---

* 오수경 외(2023), 〈빅데이터를 분석을 통해 본 노키즈존에 대한 사회적 인식〉, 《아동학회지》, 44(4).

닮은꼴 기사들 몇 개의 제목은 다음과 같다. ""왜 노키즈 존 하는지 알겠네요"… 식당에 돗자리 편 엄마들"(〈YTN〉, 2024년 8월 30일), "아이 소변 닦은 냅킨을 쟁반에 올려 반납하다니"(〈동아일보〉, 2025년 1월 17일), "[오늘의 채널A] "우리 아이가 왕"… 민폐 가르치는 부모들"(〈동아일보〉, 2025년 3월 5일)……. 대부분이 이른바 '온라인 커뮤니티 발發' 뉴스다. 온라인에 누군가 올린 글을 출처 삼아 '검증 없는 받아쓰기' 기사를 양산하는 행태다. 독자들로 하여금 실시간으로 제공되는 자극적인 뉴스에만 반응하도록 유도하는 동시에 대상에 대한 즉각적 분노를 상승시키는 특징이 있다.* 분노를 유발하는 뉴스일수록 사용자 참여가 증가한다는 온라인의 속성을 잘 보여 주며 빠르게 확산된다. 이러한 뉴스들은 어린이·양육자에 대한 혐오에 양분 역할을 했다.

그럼에도 시민들의 노키즈존 인식은 조금씩 변화를 보이고 있다. 한국리서치는 지난 2021년 첫 조사 이후 노키즈존 관련 여론 조사를 주기적으로 시행하고 있는데,

---

* "'실검 보도' 사라진 자리 꿰찬 '온라인 커뮤니티 보도'", 〈기자협회보〉, 2021년 6월 22일.

2025년 4월 발표한 자료를 보면 '노키즈존을 허용할 수 있다'는 응답은 68%로 과반을 넘지만, 첫 조사 이후 계속 비율이 줄었고 2023년보다는 5%p 하락했다. 2025년 조사에서 노키즈존을 반대한다는 답은 24%로 2023년 조사보다 6%p 증가했다. 2023년엔 '노키즈존은 차별과 혐오 정서를 증폭시킨다'는 데 28%가 동의했으나, 2025년 조사에서는 37%가 동의해 9%p 증가했다. '노키즈존을 경험한 어린이는 성인이 되면 배려와 관용이 부족해 질 것이다'(8%p 증가), '노키즈존은 어린이를 동반한 손님에 대한 차별이다'(7%p 증가), '노키즈존은 어린이에 대한 차별이다'(7%p 증가), '노키즈존은 저출산의 원인이 될 수 있다'(6%p 증가), '노키즈존 출입 거부를 경험한 어린이는 정서에 악영향을 받을 것이다(5%p 증가) 등 모든 항목에서 노키즈존의 문제점에 동의하는 사람이 늘었다.*

---

* 한국리서치(2025), 〈노키즈존 인식조사 - 노매너존과 케어키즈존으로 본 갈등 해결 방안〉, 2025년 4월 1일.

사실상 문제를 방관해 온 정부

민주주의에서 정치 행위는 사적인 관심과 욕구를 공적인 쟁점으로 재구성하고, 공적인 관심사를 개인의 권리와 의무로 재구성하는 과정이다. 사회적 의제에 대해 숙의를 거쳐 제도를 만들고, 이를 적용하면서 소외와 억압이 발생하지 않는지 점검하는 과정을 반복한다. 그러나 노키즈존에 대해서 정부는 이러한 과정을 가진 적이 없다. 한국리서치 조사에서 응답자 67%는 노키즈존으로 인한 갈등 해소와 대안 마련을 위해 정부, 지자체가 나서서 조치를 취해야 한다는 의견이었다.* 하지만 지금껏 노키즈존과 관련한 정부와 정치권은 대응은 '무관심'이었다.

하다못해 앞서 소개했던 아동들의 요구에는 무엇을 했을까? 2023년 아동총회 결의문에는 노키즈존 철폐, 예·체능 교육 강화, 아동 전용 놀이터 및 체험 활동 확대, 취약계층에 대한 학습 기회 보장 및 강화, 내실 있는 방과후교육 등 14개의 요구 사항이 담겨 있었다. 아동 대표들은 특히 "민폐되는 행위의 잘못을 아동에게 돌리고 차별하는

---

* 한국리서치(2025), 앞의 글.

시설인 노키즈존을 없애 달라"고 촉구했다. 보건복지부는 채택된 결의문이 모두 수용(일부 수용 포함)됐다고 밝혔다. 하지만 실제론 정부 차원의 구체적인 개선 논의는 이뤄지지 않았다. 업주들을 대상으로 노키즈존 운영 실태와 인식을 조사하고, 양육 친화 환경 조성 캠페인을 벌인 것이 전부다. 변화를 지속적으로 확인하고 만들어 내려는 적극성은 찾아보기 어렵다.

지자체 차원의 노력은 몇 가지 눈에 띈다. 노키즈존 업소 비중이 높은 서울시는 2023년 500곳 이상의 '서울 키즈 오케이 존'을 구축한 데 이어 2025년에는 800곳까지 늘린다는 방침이다. 또한 식당이나 카페에서 안전사고가 발생했을 때 최대 2000만 원까지 보장받는 '웰컴 키즈 안심 보험'도 출시했다. 마찬가지로 노키즈존 업소가 많은 제주도 역시 도의회에서 2023년 「제주특별자치도 아동출입제한업소 확산 방지 및 인식 개선을 위한 조례」를 진통을 거쳐 제정했다. 이밖에도 여러 지자체들이 아동 친화 도시를 앞세워 '예스키즈존'을 늘리는 등의 정책을 추진하는 모습이다. 이런 정책이라도 나오는 것은 반가운 일이지만, 전문가들은 노키즈존, 예스키즈존을 나누는 공간 분리 방식은 기본권 보호보다는 편의주의에 따른 결과에 가까우며,

결국 광범위한 차별 공간을 양산하는 부메랑으로 돌아올 수 있다고 우려한다.

공적 개입 의지는 미흡하고 대안 정책은 실효성을 보이지 못하는 사이, 어린이와 함께 마음 편히 갈 수 있는 공간은 줄어들고 자본은 그 틈을 파고든다. 양육자들은 비용을 지불하더라도 대형화, 네트워크화된 키즈 카페, 수유실 같은 육아 편의 시설을 갖춘 대형 쇼핑몰을 찾게 된다. 유통 업계가 키즈 마케팅으로 고객을 끌어들이는 것은 물론, VIP룸, 프라이빗 라운지 등 편의 공간을 아동 동반으로 제공하는 데 있어 구매력에 따른 차등을 두는 것이 전형적인 방식이다. 마찬가지로 노키즈존을 하나의 상품이자 마케팅 포인트로 삼는 행태도 보인다. 공유 숙박 업체인 에어비앤비는 2024년 평화로운 시간을 보내라는 광고를 하면서 '아이들이 없는 조용하고 쾌적한 곳'이라고 표현하여 논란이 일기도 했다.*

---

* ""호텔서도 애들한테 시달릴래?" 에어비앤비 광고, '노키즈존' 조장 논란", 〈한국일보〉, 2024년 7월 27일.

법과 용어, 사회가 바뀌어야

노키즈존 문제를 해결하기 위해 무엇을 해야 할까? 우선 법 제도적인 개선이 필요하다. 노키즈존은 「헌법」에 보장된 평등권을 침해하지만, 노키즈존을 제재할 수 있는 법적 근거는 아직 없다. 사업자와 소비자 간의 관계에서 차별 문제를 다루는 법률은 아직 없기 때문이다.

노키즈존과 관련해 2023년 '아동친화업소 지정에 대한 아동복지법 일부 개정안'이 발의되기도 했는데, 아동 편의 요건을 갖춘 영업장을 지정함으로써 아동 친화 업소 표시를 부착하도록 하는 내용을 담고 있었다. 하지만 이는 노키즈존 문제를 해결하고 차별을 없애는 대안은 되지 못한다는 비판 의견 속에 통과되지 못했다. 또 다른 법적 대안으로 '포괄적 차별금지법'이 있다. 차별금지법은 성별, 장애, 성적 지향, 종교, 출신 지역, 학력, 나이 등을 이유로 차별받지 않을 권리를 보장하기 위한 것으로, 고용·노동, 교육, 재화·용역 등의 공급·이용, 행정 서비스의 제공·이용의 4개 영역을 대상으로 한다. 노키즈존은 재화·용역 등의 공급·이용에서 사람을 차별하는 행위에 해당한다.

정치하는엄마들과 차별금지법제정연대 등은 2022년

5월 4일, 어린이날 100주년을 맞아 '어린이 차별 철폐의 날'을 선포하며 어린이 활동가들과 함께 '노키즈존 가고! 차별금지법 오라!' 기자회견을 열기도 했다. 2023년 7월에는 기본소득당 용혜인 국회의원실 등과 함께 '노키즈존 넘어 아동 친화 사회로' 토론회를 개최했다. 국회에서 노키즈존과 관련해 열린 첫 토론회였다. 용혜인 의원은 "공공시설부터 노키즈존을 없애야 한다"며 국립중앙도서관의 아동 출입 금지 방침 등을 지적했다. '법'만으로 세상을 바꿀 수도, 차별을 전면 방지할 수도 없다. 그러나 법이 생기면 사람들은 변화하기 시작한다. 법을 근거로 문제를 제기할 수 있으며, 다른 이의 차별 피해에도 함께 용기를 낼 수 있다. 세상은 그렇게 변화한 사람들이 바꿔 나갈 것이다.

둘째, 어린이의 권익을 향상시키는 것이 필요하다. 한국은 짧은 기간에 절차적 민주주의를 쟁취하고, 경제 성장과 과학 기술 발전을 급격히 이루었다. 이에 힘입어 어린이·청소년의 발육 및 성장, 지식 습득의 속도 역시 빨라졌으나 공동체가 어린이·청소년을 대하는 태도는 지체되어 있다. 유교적·가부장적 문화 속에 통제하고 보호하려는 인식과 동시에 신자유주의적으로 개인에게 책임을 지우고 사회적 비용 부담을 꺼리는 시각이 있는 것이다. 보호와 돌봄의 대상으로만 바라보는 시각도 문제지만, 제대로 된 보호 장치도 미흡하다. 어린이·청소년은 '덜 된 인간'이 아니며, 발달 과정 중에 있을 뿐, 현존하는 인간으로서 마땅히 인권을 보장받아야 한다는 당위는 자주 밀려난다.

「아동 권리 협약」은 아동의 생존권, 보호권, 발달권, 참여권을 담고 있다. 아동의 권리를 보장하기 위해서는 아동의 발달에 대한 이해 및 인식 개선이 병행돼야 한다. 아동은 지역 사회에서의 상호작용을 통해 사회 규범 및 도덕적 행동을 익히고 사회 문제들을 직간접적으로 접하며 성장한다. 이를 고려하면 노키즈존은 아동의 건강한 발달 기회를 차단하는 것이기도 하다. 또한 아동을 권리의 주체로 인정하여 참여권을 보장하는 것도 중요하다.

한국리서치의 조사에서는 '노퀴어존', '노시니어존', '노중년존', '노외국인존'은 노키즈존과 달리 허용될 수 없다는 의견이 더 많은 것으로 나타났다.* 어린이·청소년의 권리에 대한 의식이 낮음을 드러낸다. 2021년, 한 대학가의 술집이 '노교수존'을 표방하여 화제가 되자, 교수협의회 측이 적극 대응해 '노교수존 안내문'은 신속하게 내려졌다.

---

* 한국리서치(2025), 앞의 글.

반면 어린이들은 법적·사회적으로 힘을 행사하기 어렵고, 같은 사회 구성원으로서 권리를 주장하기 힘든 위치에 있다. 그렇기에 노키즈존이 지금처럼 쉽게 확산될 수 있었던 것이다. 어린이의 권리를 전반적으로 향상시키고, 어린이가 건강하고 행복하게 생활하며 성장할 수 있는 환경을 구현하려고 노력하는 것이 필수적이다.

개별 영업장 차원에서는 어떻게 해야 할까. 2017년 국가인권위원회는 영업상 일부 어려움이 있더라도 고객에게 이용 수칙을 미리 안내하고, 이를 준수하지 않으면 이용에 제한을 두거나 퇴장을 권고하는 등의 방식을 적용할 수 있다고 지적했다. '노키즈존'이라는 표현은 그 자체에 모든 아동에 대한 부정적 이미지와 거부감이 담겨 있다. 노키즈존은 행동이 아닌 존재를 거부하도록 종용한다. '키즈케어존kids care zone', '노배드페어런츠존no bad parents zone' 같은 명칭 역시 바람직하지 않다. 어린이와 양육자가 문제임을 전제하고 있기 때문이다. "노키즈존이든 노배드페어런츠 존이든, 차별의 언어인 것은 마찬가지다. 쏘아보는 쪽이 어린이인가 부모(실제로는 엄마)인가가 다를 뿐이다."*

---

* 김소영(2020), 《어린이라는 세계》, 사계절, 209쪽.

카페나 식당에서 소란하거나 무례한 행동이 문제가 된다면 특정 행위를 방지하자는 용어를 사용해야 한다. 공공장소에서 타인에게 불편함을 주거나 분위기를 해치는 행동을 할 수 있는 것은 어린이만이 아니기 때문이다. 용어 변경이 완벽한 해법이라고 단정 지을 수는 없다. 하지만 적어도 특정 대상 전체를 차단하는 방식은 멈춰야 한다. 김나단 어린이 활동가는 "조용히 해야 하면 조용히 하자는 규칙을 써 주세요. 노키즈존이라고 하지 마세요. 안전해야 한다면 안전한 환경을 만들어 주세요. 노키즈존이라고 써 붙이지 말고요"라고 생각을 전했다.*

물론 양육자도 응당 공공장소에서 어린이가 지켜야 할 규범을 알려 주고, 안전사고를 예방할 수 있도록 돌보아야 한다. 그러기 위해선 발달 단계별로 필요한 교육을 양육자를 대상으로 더 널리 실시해야 하고, 근본적으로는 양육자를 지지하는 동시에 지원하는 정책이 중요하다. 다만 부모가 훈육에 최선을 다하고 있더라도 발달 단계의 특성상 어린이가 부주의하거나 문제 행동을 할 수도 있다는 점에 대해 이해하는 태도 역시 필요하다. "공공장소에 머물 기

---

* 정치하는엄마들 외, 앞의 기자회견.

회를 주지 않으면서 공공예절을 배우고, 공공장소에서 예의 바르게 행동하길 바라는 것은 욕심이자 환상"*이라는 지적처럼, 어린이와 양육자가 공적 공간에서 규범을 함께 배우고 가르칠 기회를 부여해야 한다.

돌봄의 사회화, 아동 친화적 환경 조성

노키즈존이 탄생한 배경에는 여러 요인이 작용하지만, 노키즈존 현상이 가리키는 바는 분명하다. '약자 혐오'와 '돌봄의 사회화에 대한 인식 부재'이다. 전자가 개별 구성원에 대한 인식 개선이 필요한 지점이라면 후자는 사회적 구조와 환경을 살펴야 할 이유가 된다.

물론 '어린이 도서관'이나 '어린이 박물관' 등 '웰컴키즈존'으로 인식되는 공간들이 있다. 어린이들이 편하게 사용할 수 있도록 전용 공간을 운영하는 것이 문제는 아니지만, 전문가들은 어린이 시설을 따로 설치하기보다 한 공간에서 어린이와 어른이 공존하고 소통하도록 할 필요가 있다고 지적한다.

---

* 김소영(2020), 앞의 책, 213쪽.

핀란드 헬싱키의 오디^{Oodi} 공공 도서관 사례가 참고할 만하다. 2018년 12월 문을 연 오디의 제1원칙은 '차별 금지'다. 이 원칙이 가장 뚜렷하게 드러나는 곳 중 하나가 어린이를 위한 놀이 공간이다. 직접 방문해 본 오디 도서관의 모습은 이러했다. 넓게 펼쳐진 열람실 한쪽에는 책장들과 의자들이, 다른 한쪽에는 커피를 마시며 대화를 나눌 수 있는 테이블이, 자연광이 가장 잘 드는 곳에는 어린이 놀이 장소가 자리 잡고 있었다. 책을 읽는 이용자들은 놀이하는 어린이들이나 운동 프로그램을 하는 임산부들을 전혀 의식하는 기색이 없었다. 도서관은 대표적으로 조용해야 한다고 여겨지는 장소지만, 공간 구성과 설계에 따라 '누구도 배제하지 않는 공간', '특정 존재만을 분리하지 않는 공간'으로 만들 수 있음을 알게 됐다.

사실 우리 사회 전반에서 어린이를 위한 공간과 맞춤 정책은 너무나 미흡하다. 안전과 책임 소재 등의 이유로 학교 내에서 신체 활동이 억제되고, 학교 운동장도 줄어들고 있다. 지자체에서도 어린이를 위한 체육 시설은 후순위로 밀려난다. '어린이 보호 구역'에서조차 보행로 확충보다 차량 통행이 우선이라는 논리, 아파트 값 하락을 이유로 단지 내 국공립 어린이집 설립을 반대하는 모습, 어린이들의 놀이를 금지하는 아파트 놀이터가 증가하는 현상 등은 어린이를 꺼리는 사회 분위기를 여실히 반영한다. 지대 추구 극대화, 조금도 불편하지 않으려는 마음, 어린이를 환대하지 않는 분위기가 결합하면서 어린이들에게 공간을 할애하지 않는 방식이 채택되고 있다.

어린이는 대면 방식의 동기화되고 체화된 신체적 놀이를 필요로 한다. 가장 건강한 놀이는 가끔 위험을 감수하며 스릴이 넘치는 모험을 동반하는 실외 놀이이다.* 그러나 과밀화된 도시 안에 공적인 놀이 공간은 태부족하다. 예컨대 서울 지역의 공공 놀이터(어린이 공원 포함)는 1,600여 곳에 불과해, 인구 비율로 따지면 자치구에 따라 적게는 어린이 250명당 1곳, 많게는 730명당 1곳이다. 이는 노키즈존 문제와 갈등이 심화되는 배경이기도 하다. 노키즈존 운영 업주들은 아이들이 놀 곳이 부족해 해당 지역 주민들이 주말이면 어린이들을 데리고 카페에 와서 뛰어노는 경우가 있다고 했다. 양육자들도 만약 놀 공간이 충분히 마련되어 있다면 카페 같은 곳을 찾아갈 이유가 없다고 답했다.**

---

* 조너선 하이트, 이충호 옮김(2024), 《불안 세대》, 웅진지식하우스, 185쪽.

오은선 정치하는엄마들 활동가는 "휴일에 쉬고 싶은 이웃들에게 혹시라도 층간 소음 피해를 줄까 봐 무조건 아이를 데리고 외출하려 노력한다"며, "영유아와 함께 외출하는 일은 녹록지 않다"라고 술회하기도 했다. 기저귀, 손수건, 물병, 보온병, 분유나 이유식, 과자 간식, 물티슈, 여벌 옷 등 상시 챙겨야 할 준비물이 양손에 가득하고, 혹시 모를 변수로부터 자녀를 보호할 각오를 다지고 나서면, 이제 불편한 시선을 감내하는 일도 없어진다. 노키즈존이라는 복병을 만나지 않으려 애쓰며 어디로 갈지 고심하다가 마침내 발견한 장소에서는 혹시라도 폐를 끼치고 싶지 않아 아이에게 스마트폰을 쥐어 주게 된다.

한국 사회는 이런 양육자의 고충을 충분히 공감해 주는 사회가 아니다. 오히려 영유아와 항공기를 이용하면서 모든 탑승객에게 사탕, 귀마개 등을 넣은 구디백을 나눠 준 양육자가 모범 사례처럼 공유되고, 양육자의 의지만 있다면 영유아도 통제가 가능하다는 인식이 만연하다. 어린이가 시끄럽고 예의 없다는 평가도 성인의 관점에서 규정하는 것이다. 울음은 영유아의 의사 표현 중 하나이고,

---

** 김아름(2023), 앞의 글.

아동기는 보이는 모든 것을 만져 보고 입에 넣어 보려는 특성이 있다. "왜요?", "싫어", "아니야" 등 언어로 의사를 표출하는 것도 유아기의 자연스러운 모습이다. 활발한 신체 활동 역시 마찬가지다. 아동 친화적인 사회가 되기 위해서는 어린이의 특성에 대한 이해가 더 높아져야 한다.

더욱 폭넓은 문제의식도 필요하다. 한국 사회는 양육자의 노동 시간은 너무 긴 반면 돌봄의 공적 책임에 대한 인식과 자원은 미흡하다. 이러한 현실 속에서 사회적·경제적 조건이 열악한 '양육자와 어린이는 고립되기 쉽다. 학대나 양육 포기 같은 불행한 상황도 일반적으로 고립되고 닫힌 공간에서 발생한다.* 따라서 양육자와 어린이가 함께할 수 있는 시간과 공간을 확보하는 것은 사회적 책무이다. 국가의 정책적 지원과 함께 기업의 역할을 요구해야 한다.

노키즈존 문제에는 한국 사회에서 구성원들에게 쌓인 스트레스 역시 투영되어 있다. 특히 피로를 해소하고 싶은 사람들은 모처럼의 휴식 시간과 한적한 공간에 '통제하기 어려운 존재'가 출연하는 것 자체가 달갑지 않다. 그러나 파편화된 개개인들이 스트레스를 감당하고 여유 없이 살

---

* 브래디 미카코, 노수경 옮김(2019), 《아이들의 계급투쟁》, 사계절, 45쪽.

아가며, 불편한 존재들을 배제하려고 하는 사회는 모두가 행복할 수 없다. 우리 사회와 삶의 방식 전반을 성찰하고 바꾸어 가야 할 이유다. 접촉하고 서로를 품어 주면서 공생에 익숙해지는 경험이 사회를 지속시키고, 그래야 다른 존재에 대한 부정적 고정관념도 줄일 수 있다.

이제는 노키즈존 철폐를 외쳐야 할 때

"주문, 피청구인 대통령 윤석열을 파면한다."

2024년 12월 3일 오후 10시 27분, 아닌 밤중에 홍두깨, 아니 한밤중 대통령의 비상계엄 선포 이후, 2025년 4월 4일 오전 11시 22분, 헌법재판소의 탄핵 심판 판결을 듣기까지 장장 123일이 걸렸다.

'뜬금' 비상계엄이 안긴 예측 불가능성과 그 명분으로 내세운 '반국가세력'의 모호한 기준은 많은 시민에게 공포를 안겼다. 그런데 '특정 존재가 위험하고 불편한 상황을 일으킬 수 있다'는 가능성만으로 차단, 배제, 차별을 허용하겠다는 이런 조치는 어쩐지 낯익다. 아직 일어나지 않은 가능성을 이유로 특정 집단을 배제하고 분리시키려는 노키즈존은 선제적, 예방적 계엄의 논리와 닿아 있다. 노키즈존에서 '키즈'를 대상화하고 타자화하는 기준 역시 제멋대로라는 문제의식이 비상계엄 정국을 거치며 더욱 선명하게 인식됐다. 노키즈존을 비상계엄에 빗대는 것에 '비약이 지나치다'고 생각할 수도 있다. 하지만 대통령 임기 내내 본인만의 '자유' 철학을 강조했으면서 정작 모든 시민의 자유를 억압하려 든 윤석열의 비상계엄과, 업주와 고객의 자유를 내세우면서 어린이와 양육자를 배제하는 것에 찬성하는 인식은 과연 얼마나 다를까?

미셸 푸코의 권력론, 통치성 논의를 활용한 연구들은 특정한 공간을 통제하는 권력의 등장에 주목한다. '공간적 통치성'의 개념이다.* 권력은 바람직하다고 여겨지지 않는 집단이나 행동을 배제하는 공간을 만듦으로써 '옳은' 행동과 '그른' 행동을 구분하고, 이를 통해 '적절한 (또는 바람직한 것으로 그려지는) 주체'를 만들어 낸다. 이와 같은 현상이 가장 잘 드러나는 곳은 '사적 소유의 공적 공간'이다. 유사 공공 공간의 성격을 지닌 카페, 식당 등에는 다양한 사회 집단이 모이고, 사회적 갈등과 혐오가 대두되는 동시에 사회적 배제와 그 공간적 표현 역시 더욱 심화된다. 노키

---

* 채상원·임지희(2024), 앞의 글.

즈존이 그 사례로서 어린이와 어린이를 동반한 양육자, 특히 '엄마'에 대한 차별을 정당화하는 것이다. 여기에는 '차별에 순종적인 시민으로 성장하기, 피해자 의식을 심어 주기, 불온한 존재로서 타자화되기, 범죄자 취급하기' 같은 의식이 내포돼 있다. 이는 파시즘이 구현되는 조건과도 합치한다.* 비상계엄 사태 이후 발현된 극우의 난동과 민주헌정의 위기 앞에서 무엇이 이런 상황을 초래했는지 물을 때 노키즈존 등을 돌아봐야 할 이유다.

민주주의를 지키기 위해 모인 광장의 시민들은 타인의 목소리에 귀를 기울이고 서로를 환대하며 '우리'로 묶어 냈다. 평등 수칙을 공유하며 공동체를 복원하고 연결된 사회를 다시 만들어 가자고 외쳤다. 불평등과 차별, 배제에 시달리는 소수자들의 저항과 연대가 민주주의의 동력이라는 점을 보여 줬다. 그리고 어린이 역시 응당 이 '우리'에 포함되어야 한다. 광장의 열망은 대통령 탄핵에 머물러 있지 않았다. 정치가 담지 못했던 곳곳의 삶의 문제를 말하며 "차별을 없애고, 다양성을 보장하라"고 강조했다. 윤석열즉각퇴진·사회대개혁비상행동이 온라인 공론장 '천만의 연

---

* 제이슨 스탠리, 김정훈 옮김(2022), 《우리와 그들의 정치》, 솔.

결'에 기록된 시민 발언을 분석한 결과, 가장 많이 쏟아진 요구는 '차별 금지와 인권 보장'이었다고 한다. 노키즈존으로 대표되는 차별과 배제는 우리 모두가 함께 해결해야 할 민주주의의 문제이다. 지금 외쳐야 한다. "주문, '노키즈존'을 철폐한다."

체벌,
어린이에 대한
합법화된 폭력

체벌은 사라지지도,
금지되지도 않은 현재의 문제다

공현

어린이·청소년은
인권의 사각지대에 놓여 왔다

"애들은 맞아야 정신을 차린다", "몽둥이가 약이다", "사랑의 매는 필요하다"……. 체벌 사건 또는 10대인 사람의 비행·범죄 사건이 기사화되면 포털 사이트 댓글이나 SNS에서 쉽게 볼 수 있는 말들이다. 익명의 온라인 게시판에서만의 모습이 아니다. 연예인이나 정치인도 방송, 언론에서 공공연히 체벌 경험을 이야기하면서 '사랑', '교육'으로 미화하거나 가볍게 소비하는 일이 흔하다. 이런 장면을 접할 때마다 아직 멀었구나 싶다. 우리 사회에는 체벌이 폭력이자 인권 침해이고 용납될 수 없는 행위라는 인식이 뿌리내리지 못한 것이다.

여러 조사도 이런 현실을 보여 준다. 세이브더칠드런의 〈2023 가정 내 체벌금지 인식 및 경험 조사〉(성인 1,000명 대상)에서 64.1%가 자녀 훈육을 위해 체벌이 가능하다고 응답했다. 2022년 미디어리얼리서치코리아의 조사(성인

2,398명 대상)에서도 응답자 중 66.5%가 학교 체벌을 허용해야 한다고 답했다. 가장 대표적이고 기본적인 어린이 인권 문제라고 할 수 있는 체벌에 관한, 2020년대 대한민국의 인식 수준이다. 나 역시 인권교육을 하다 보면 '손바닥 몇 대 때리는 게 무슨 폭력이냐', '무릎 꿇고 손 들고 있게 하는 것 정도는 체벌이 아니다' 같은 주장을 곧잘 접하게 되는데(심지어 교사 집단에서 종종 나오는 이야기다), 우리 사회에서 체벌의 개념과 문제점에 대한 논의 자체가 충분히 되지 않았다는 생각도 든다.

체벌은 그 뜻을 풀이하면 '신체적 고통을 가하는 벌'이다. 인권이란 개념 자체가 없던 과거에는 공식적으로 수많은 체벌이 존재했다. 사극에서 볼 수 있듯 나라가 범죄자에게 곤장을 치기도 했고, 마을공동체에서 매질을 가하기도 했다. 그러다가 인권 개념이 생겨나 신체의 자유가 중요하고도 본질적인 권리라는 인식이 자리 잡으면서 대부분의 국가에서 공식적으로 체벌 형태의 형벌은 금지되고 사라졌다. 신체에 위해나 고통을 가하는 것은 신체의 자유를 대단히 본질적으로 침해하는 것이자 그 자체로 인간의 존엄성을 파괴하는 것이기 때문이다.

그런데 어린이·청소년은 이와 같은 변화에서 예외로 남

겨졌다.* 수많은 나라가 헌법을 제정하고 국제 인권 조약에 가입한 20세기에도, 어린이·청소년은 가정, 학교, 일터에서 잘못을 혼내기 위해 또는 교육을 위해 체벌을 당해도 되는 존재로 여겨졌다. 어린이·청소년에 대한 체벌을 아예 법적으로 허용한 나라도 있었고, 사회적으로 정당한 관습이라고 용인되는 나라는 더욱 많았다.

그렇기에 체벌 문제는 세계적으로 어린이·청소년의 인권 문제로 다루어지고 있다. 스웨덴이 세계 최초로 학교·가정을 포함해 모든 체벌을 금지한 것이 1979년의 일로 현재도 많은 국가에서 어린이·청소년에 대한 체벌이 금지되어 있지 않다. 체벌 금지는 비교적 최근에야 일어나고 있는 변화이며, 이런 측면에서는 현대적이고 급진적인 인권 의제라고 할 수 있다.

유엔아동권리위원회는 체벌을 '물리적 힘이 사용되고, 아무리 가볍더라도 어느 정도의 고통 또는 불편함을 유발

---

* 물론 여성의 경우에도 수십 년, 수백 년 동안 남편에 의한 가정폭력이 사실상 허용되어 왔다. 이는 어린이와 여성이 '어른 남성'에 비해 미성숙한 존재, 가부장에 종속된 존재로 간주된 문제를 공통적으로 겪고 있음을 보여 준다. 다만 근대 이후 아내에 대한 폭력은 주로 가정 내의 사적 다툼·문제로 여겨져서 묵인된 데 반해, 어린이·청소년에 대한 폭력은 친권자의 권리(징계권)로서, 학교라는 공적 기관의 징계로서 공인되어 왔다는 특징이 있다.

하도록 의도한 처벌'이라고 정의했다. 그리고 어린이·청소년의 인격을 침해하는 비물리적인 굴욕적인 처벌도 존재하며, 이 역시 근절해야 한다고 지적한다.*

유엔아동권리위원회의 정의에 비추어 보면, 신체적 고통을 가하기 위해 회초리, 손이나 발 등으로 구타하는 행위는 물론, 고통을 줄 목적으로 불편하고 힘든 자세나 동작을 오랜 시간 유지하게 강요하는 것(무릎 꿇고 손 들고 있게 하기, 앉았다 일어났다, 오리걸음, 엎드려뻗쳐 등), 꼬집거나 머리카락을 잡아당기는 것 등도 모두 명백한 체벌이다.

물론 '이것도 체벌인가?'라는 질문이 나오는 여러 애매모호한 사례들이 존재한다. 이런 것들은 그 취지와 맥락, 정도에 따라 판단할 수 있다. 가령 소위 '깜지 쓰기' 같은 것은 암기·교육을 위해 필요한 만큼 반복하는 것을 넘어, 과도하게 많은 분량을 쓰게 함으로써 고통을 주려는 목적이라면 체벌에 해당할 것이다. 운동장 달리기나 등산도 체력을 기르기 위한 훈련이나 즐기기 위한 것이 아니라, 고통을 주기 위한 벌의 성격으로 강요된다면 체벌이다.

---

* 유엔아동권리위원회(2006), 〈일반논평 제8호 : 체벌 및 그 밖의 잔혹하거나 굴욕적인 형태의 처벌로부터 보호받을 아동의 권리(특히, 제19조, 제28조 제2항, 제37조)〉.

언어폭력이나 모욕, 일부러 오물을 묻히거나, 다른 사람 앞에서 창피를 주거나, 따돌림을 조장하는 낙인찍기 등의 행위는 사전적 의미로 체벌에 해당하지는 않지만, 유엔아동권리위원회가 같은 범주에서 다루고 있는 '굴욕적 처벌'에 해당하며 마찬가지로 근절되어야 한다. 우리가 가장 중요하게 기억해야 할 것은 어린이·청소년의 신체와 인격을 존중해야만 한다는 원칙이다.

어린이·청소년에 대한 차별이자 혐오 폭력

어린이·청소년 인권 문제로서 논의되는 체벌을 한마디로 정의하면, '어린이·청소년에 대한 합법화·정당화된 신체적·물리적 폭력'이라고 할 수 있다. 주로 부모나 교사와 같이 보호자·양육자 지위에 있는 사람이 어린이·청소년에게 폭력을 가하는 것이 허용되는 방식이다. 나이주의 체제에서 연장자인 형제자매, 선배 등도 더 나이가 적은 어린이·청소년에게 폭력을 가하는 일이 허용되곤 한다. 이처럼 제도적으로 혹은 문화적으로 조장되고, 허용되고, 관대하게 다루어진다는 점 때문에 체벌은 사회 구조적인 인권 문제로 보아야 마땅하다.

첫째, 체벌은 어린이·청소년의 자유와 인권을 침해하고 안전과 생명을 위협한다는 점에서 심각한 인권 침해이다. 어린이·청소년이 체벌을 당하는 일 자체가 인격과 신체, 안전을 부정당하고 침해당하는 경험이며 폭력과 공포에 굴복하길 요구받는 과정이다. 또한 물리적 폭력의 특성상 체벌의 결과 부상을 입거나 혹은 죽음에까지 이르는 사례가 끊이지 않는다. 이는 아동학대 치사에 이른 여러 가정 내 학대 사건들에서도 드러나고, 학교에서 체벌 이후 죽음에 이른 사건들로도 입증된다. 물리적 폭력이 아니더라도 체벌 및 굴욕적 처벌의 과정에서의 정신적 폭력으로 인해 죽음으로 내몰리는 사례들도 드물지 않다.

둘째, 체벌은 어린이·청소년에 대한 사회적 차별로, 그들을 온전한 사회구성원으로 인정하지 않는다는 메시지를 보낸다는 점에서 인권 침해이다. 전 사회적으로 폭력은 나쁜 것이고 신체적 처벌을 가해선 안 된다는 원칙이 확립되었는데, 유독 어린이·청소년만 그 예외로 두고 체벌을 가하는 것을 허용하는 것은 무슨 의미일까? 어린이·청소년은 온전한 인간으로 존중받지 못하는 존재, 어른에게 맞아도 되는 존재가 되는 것이다. 즉, 체벌의 허용으로 인해 어린이·청소년의 인권 전반이 더 쉽게 침해될 수 있는 것으로 경시된다. 그러므로 체벌을 금지하고 어린이·청소년에 대한 폭력도 다른 모든 사람에 대한 폭력과 마찬가지로 허용될 수 없음을 분명히 하는 것은 어린이·청소년의 인권 보장을 위해 핵심적이고 중요한 과제 중 하나다.

오랫동안 체벌은 문화적 관습, 교육적 목적에 따른 행위로 여겨졌다. 하지만 "애들은 좀 맞아야 한다", "요즘 애들은 안 맞고 자라서 버릇이 없다" 같은 말들이 공공연히 나오고, 체벌을 조장·미화하는 창작물이 인기를 얻는 모습을 살펴보면, 체벌은 명백히 어린이·청소년에 대한 차별적·혐오적 인식에 기초하고 있다. 차별과 혐오가 어떤 식으로 심화되는지를 도식화한 '혐오의 피라미드'라는 개념을 참고해 보자. 여러 가지 버전이 있는데, 이 중 홍성수의 것에 따르면 차별은 '편견 - 혐오 표현 - 차별 행위 - 증오 범죄 - 집단 학살'의 단계로 발전한다.* 증오 범죄에는 '편견에 기초한 폭행' 등도 포함된다.

체벌은 이 피라미드가 설명하는 현상에 잘 부합한다. 우리 사회에는 어린이·청소년에 관해 미성숙하고 말이 안 통하고 통제하기 어렵다는 등의 부정적 고정관념이 존재

---

* 홍성수(2018), 《말이 칼이 될 때》, 어크로스, 84쪽.

하며, 이들에 대한 하대 및 각종 '혐오 표현'도 흔하다. 이에 따라 어린이·청소년들이 '폭력이 아니면 말을 듣지 않는', '인간이 덜 된 짐승 같은' 존재로 인식되기에 어린이·청소년에게 폭력을 가하는 것도 쉽사리 정당화된다. 어린이·청소년이 제도적·사회적·정치적으로 권리 행사를 제한당하고 생활 공간이 분리되는 등의 '차별'은 이런 폭력이 일어나기 쉬운 조건을 조성한다(물론 체벌이 법적으로 허용되어 있는 것 자체가 일종의 차별 행위이기도 하다). 이렇게 조장된 수많은 '경미해 보이는 폭력들'의 연장선상에서 일어나는 것이 중상해, 사망까지 이르러 끔찍한 아동학대라고 불리는 사건들이다. 이와 같이 체벌을 비롯한 아동학대는 어린이·청소년이라는 소수자에 대한 차별 내지 증오 범죄로, 사회적 폭력으로 인식되어야 한다.

유구하고 일상적인 체벌의 역사

한국에서 체벌의 역사는 참으로 유구하다. 유명한 김홍도의 풍속화에서 묘사되었듯이 전근대 사회에서 어린이·청소년에게 회초리질을 하는 것은 당연한 풍경이었다. 근대화가 이루어진 이후에도 가정에서, 학교에서 어린이·

청소년에 대한 체벌은 일상적인 일이었다. 가족 안에서나 밖에서나 나이 많은 사람들은 툭하면 어린이·청소년에게 손찌검을 하고 회초리를 들었다. 동학 2대 교주 최시형은 1870년대에 "아이를 때리지 말라"고 설법했는데, 시대상을 생각하면 매우 혁명적이고 선진적인 주장이었던 셈이다.

특히 근대적 학교 제도가 도입된 일제강점기에는 학교 교육에 군사주의적인 색채가 짙게 배어 있었다. 따라서 심각하고 비인도적인 체벌도 곧잘 일어났고, 조선인 학생들은 한층 더 심한 폭력의 대상이 되었다. 놀라운 점은 당시 일본에서 학교 체벌이 공식적으로는 금지되어 있었다는 것이다. 1879년 일본에서 시행된 「교육령」은 "체벌(구타 혹은 묶는 행위)을 가할 수 없다"라고 명시하고 있었다. 식민지 조선의 경우 초기에는 그러한 법령이 없었으나 1922년 「보통학교령」에 "체벌을 가할 수 없다"는 조항이 생겼다. 그러나 실제로는 일본에서든 조선에서든 학교 체벌은 아주 빈번하게 일어났고, 별다른 제재를 받지 않았다.*

---

* 박찬승(2017), 〈1920년대 보통학교 학생들의 교원 배척 동맹휴학〉, 《역사와 현실》, 104.

일제강점기에도 학교에서의 체벌에 대해서는 저항이 끊이지 않았다. 신체를 침해하는 물리적 폭력은 고통과 굴욕, 불만, 분노를 불러일으키기 마련이다. 1920년대 여러 학교에서 학생들의 집단적 저항인 동맹휴학이 벌어진 사유 중 상당수가 '교사가 학생을 구타·폭행한 일'이었다. 예컨대, 1926년 경기 고양 숭인공립보통학교에서는 일본인 교사가 학생을 "채찍으로 난타"해서, 1927년 강원 평강 공립보통학교에서는 일본인 교사가 "학생을 함부로 때리는 것이 상습적"이라서 동맹휴학이 일어났다.* 이런 동맹휴학은 정도가 심한 폭행과 비인간적 대우에 대한 반발이기도 했고, 식민 치하 조선인에 대한 차별적·굴욕적인 대우에 불만을 표출하는 성격도 띠고 있었다.

광복 이후에도 어린이·청소년들이 겪는 체벌은 여전했다. 가정에서의 체벌에 대해 특별히 제재가 없었음은 물론, 학교에서의 체벌도 매일같이, 무제한적으로 일어났다. 식민 지배가 끝난 후에도 학교의 문화는 그리 바뀌지 않았고, 한국전쟁과 군부 독재를 거치며 사회 전반에 군사주의적·권위주의적 문화가 만연하였다. 학교에서도 상명하복

---

* 박찬승(2017), 앞의 글.

의 규율과 군대식 기합 등이 깊숙이 뿌리내렸다.

열악한 교육 환경도 폭력을 부추기는 요소였다. 교육 통계에 따르면, 1970년대 학급당 학생 수는 초등학교(국민학교)와 중·고등학교 모두 60명을 넘나들었다. 교사 1명이 60명의 학생을 통제하며 주입식 수업을 하기 위한 수단으로 일상적인 폭력과 공포가 채택되었다. 사교육 기관인 학원에서도 별다른 법적 근거 없이 체벌이 흔하게 벌어진 것은 마찬가지였다. 이런 현실은 2000년대까지 약간의 정도 차이만 있었을 뿐 근본적 변화 없이 이어졌다.

학교 체벌부터 금지하려 한 노력과 변화

민주화 이후, 비로소 이런 현실에 대한 문제 제기가 시작되었다. 1980년대 변혁운동의 일부로 조직적으로 등장했던 고등학생운동은 학교에서의 비인간적 체벌을 비판하고 폭력 교사에 대한 조치를 요구하는 투쟁을 벌이곤 했다. 1990년대 이후에는 한국 사회에서 소수자 인권에 대한 관심이 높아졌고, 어린이·청소년 인권을 다루는 시민단체들은 체벌에 반대하는 목소리를 내며, 체벌 금지 요구를 제기했다.

특히 한국이 1991년 「아동 권리 협약」에 가입한 것은 중요한 계기로 작용했다. 「아동 권리 협약」의 이행을 담당하고 있는 유엔아동권리위원회는 1996년 한국 정부에 대한 제1차 심의부터 반복하여 '가정, 학교 및 모든 기관, 모든 환경에서의 체벌 금지'를 권고했다.

하지만 어린이·청소년의 인권이란 말 자체가 낯선 사회적 조건상 체벌 금지는 요원한 일이었다. 특히 사적인 영역으로 여겨졌던 가정에서의 체벌은 더욱 문제를 제기하기가 어려웠다. 먼저 사회적·정책적 논의가 이루어진 것은 주로 학교에서의 체벌 문제였다. 학교는 공공 기관이고 학교 체벌은 공개된 장소에서의 공공연하게 벌어지는 현상이기에 더욱 사회 문제로 다루어지기 수월했다고 할 수 있다.

1997년 김대중 대통령 당선 이후 정부는 학교 체벌 금지를 검토하겠다고 밝혔다. 하지만 이는 교원단체 등의 반대에 부딪혀 추진되지 못했다. 1998년 정부는 "교육상 불가피한 경우를 제외하고는 학생에게 신체적 고통을 가하지 아니하는 훈육·훈계 등의 방법으로 행하여야 한다"는 「초·중등교육법 시행령」을 만들었다. 뚜렷한 법적 근거도 통제 장치도 없이 벌어지던 학교 체벌을 억제하려는 의도였다고 하나, '교육상 필요하면 체벌을 해도 된다'고 해석되며 체벌을 합법화한 것으로 받아들여졌다. 1999년, 교육부는 학교별로 사회 통념상 합당한 범위에서 체벌 규정을 만들도록 했고, 2002년 '별도의 장소에서 제3자를 동반하여 실시, 체벌 도구는 지름 1.5cm 내외·길이 60cm 이하의 직선형 나무, 체벌 부위는 남자 둔부·여자 대퇴부, 1회 체벌봉 사용 횟수는 10회 이내' 등 기준을 상세히 제시한 '학교생활규정 예시안'을 발표했다. 정부가 체벌을 금지·근절하려는 의지가 없었으며, '적당한 수준에서의 체벌'을 허용하는 태도를 유지했음을 보여 준다.*

1990년대 이후로 청소년인권단체를 비롯해 교육·시민단체들은 꾸준히 체벌 금지 요구를 포함하여 학생인권 신장을 위한 운동을 벌였다. 그 성과로 2010년 경기도에서부터 제정되기 시작한 학생인권조례에는 학교에서의 체벌을 완전히 금지하는 내용이 담겼다. 학생인권조례는 이후 2013년까지 광주광역시, 서울특별시, 전라북도에서 제정

---

* 이와 같이 한국 정부가 체벌을 합법화하는 법령·지침을 시행한 점, 공교육 기관인 학교에서 열악한 환경 속 통제 수단으로 체벌이 권장·조장되어 온 점, 한국 정부가 너무나 오랫동안 가정·학교 체벌을 금지할 의무를 다하지 않은 점 등을 근거로, 청소년인권운동연대 지음은 "체벌은 국가폭력이다"라고 지적하며 문제 해결을 촉구하는 캠페인을 하기도 했다.

됐으며, 2020년에는 충청남도와 제주특별자치도에서 학생인권조례가 의회를 통과했다.

다른 한편, 학교 체벌 사건은 매년 불거지며 논란이 되었다. 2010년 초등학교에서 교사가 학생들을 체벌하는 영상이 이슈화되자 서울시교육청은 '학교 체벌 금지'를 선언했다. 이를 계기로 학생인권조례와 별개로 체벌을 규제하는 법령 개정 및 정책이 추진됐다. 2011년, 교육부는 「초·중등교육법 시행령」을 개정하여 '학생 지도에 도구와 신체 등을 이용해 고통을 주는 방법을 써선 안 된다'라고 명시했다. 다만 교육부는 이 조항이 직접 구타하는 방식 외의 벌을 세우거나 고통스런 자세·동작 등을 강요하는 소위 '간접체벌'은 허용하는 것이라는 해석을 내놓으며 체벌의 완전한 금지에 반대하는 입장을 취했다.

2011년 이후, 학교에서 '직접 구타하는 체벌'은 모두 금지되어 있되, 학생인권조례가 시행되는 지역에서만 모든 체벌이 포괄적으로 금지된 셈이다. 이전에 '교육상 필요하면' 광범위하게 체벌이 허용되었던 데 비하면 법적으로 커다란 제한선이 만들어진 것이었으나, 완전한 체벌 금지와는 거리가 멀었다.

청소년인권행동 아수나로의 '체벌은 없다' 캠페인 홍보 이미지. 체벌을 하려는 엄마에게 회초리 대신 돌멩이를 가져다준 어린이의 이야기로 '체벌은 폭력'이라는 메시지를 전한 아스트리드 린드그렌 작가의 연설에서 따와 돌멩이 캐릭터를 넣었다.

수많은 죽음 위에 이루어진 법 개정

학교 체벌이 제한된 것이 발판이 되었을까. 2010년대에는 가정에서의 체벌 금지를 위한 본격적인 논의가 시작됐다.* 그 배경에는 무엇보다도 가정에서의 아동학대로 인해 어린이·청소년이 목숨을 잃은 사건들이 있었다. 이런 사건들에서는 공통적으로 친권자들이 자신들의 학대를 어린이·청소년이 잘못을 저질러서, 훈육하기 위해서 체벌을 가한 것이라고 정당화하는 장면이 발견되곤 했다.

세이브더칠드런은 2013년 2월, 인천에서 초등학생이 부모의 폭력으로 사망한 사건에 관해 발표한 입장문에서 "부모가 자녀를 때리는 것은 훈육이고 '사랑의 매'는 불가피하다는 인식 자체가 사라지지 않는 한, 이와 같은 일은 끊이지 않을 것이라고 우려한다. 아동이 잘못했을 때 다스리는 소위 '사랑의 매'와 폭행치사는 그 본질상 다르지 않다"라고 지적했다.**

아동학대에 대한 사회적 경각심이 높아지며, 아동학대 관

---

* 큰 실효성을 갖지는 못했으나, 2011년 서울시 학생인권조례 제정 이후에 곧바로 만들어진 「서울특별시 어린이·청소년 인권 조례」에도 가정에서의 체벌 금지가 명시되기도 했다.

련 법들이 전격적으로 개정·보완되었다. 그러면서 2015년, 「아동복지법」 제5조 제2항 "아동의 보호자는 아동에게 신체적 고통이나 폭언 등의 정신적 고통을 가하여서는 아니 된다"라는 조항이 제정되었다. 여기서 '보호자'는 친권자(부모) 외에도 교사, 학원 강사 등 아동을 보호·양육·교육·감독하는 사람을 모두 아우른다. 학교와 가정, 학원 등을 막론하고 체벌을 금지한다고 해석할 수 있는 법률이 처음으로 만들어진 것이다.

그럼에도 정부는 아직도 소극적인 자세를 취했다. 그 핑계거리는 「민법」에 규정된 '친권자의 징계권'이었다. 「민법」에는 1958년 처음 만들어진 때부터 친권자가 자식을 보호·교양하기 위해 필요한 징계를 할 수 있다는 징계권 조항(제915조)이 존재했다. 이 조항은 아동학대 관련 판례에서 친권자의 체벌을 정당화하며 학대가 아니라고 판단하거나 형을 감면하는 근거가 되고 있었다.

인권단체들은 정부의 이러한 태도를 비판하며 사회적 인식을 바꾸고 체벌을 완전하게 금지하기 위한 활동에 나

** 세이브더칠드런, 〈'사랑의 매'는 없다. 아동학대를 범죄로 규정하고 부모 체벌 금지를 위한 법적 조치 마련하라 - 부모의 아동 체벌 사망 사건에 대한 세이브더칠드런의 입장〉, 2013년 2월 21일.

섰다. 세이브더칠드런은 '사랑의 매는 없습니다' 체벌 근절 캠페인을 기획하여 사회적 인식을 변화시키려 애썼으며, 체벌 금지 법제화를 요구하는 서명운동을 했다. 청소년인권행동 아수나로도 2018년부터 모든 체벌의 근절을 목표로 '체벌은 없다 - 청소년에 대한 정당화된 폭력이 있을 뿐' 캠페인을 기획했다. 나아가 청소년, 교사, 부모 등으로부터 '체벌 거부 선언'을 모았다. 2019년부터는 굿네이버스, 사단법인 두루, 세이브더칠드런, 초록우산 어린이재단이 「민법」 제915조 징계권 조항 삭제를 요구하는 'Change 915 : 맞아도 되는 사람은 없습니다' 캠페인으로 본격적으로 법률 개정 운동에 나섰다.

한편, 2015년 이후로도 슬픔과 공분을 불러일으킬 만한 아동학대 사건들은 끊이지 않았다. 2016년 포천과 대구에서 어린이가 학대로 사망한 사건, 2020년 서울에서 어린이가 부모의 학대로 사망한 사건이 일어났다. 이런 사건들에 대한 공분과 관심을 계기로 2021년 1월, 「민법」 제915조를 삭제하는 개정안이 국회를 통과했다. 만들어진 지 60년이 넘은 친권자의 징계권 조항이 삭제되는 순간이었고, 체벌을 정당화하던 하나의 법적 근거가 역사 속으로 사라지는 변화였다.

체벌은 금지되었지만 금지되지 않았다

많은 사람이 '체벌은 이제 다 금지된 것 아닌가' 하고 생각한다. 옛날에나 있었던 문제라고 여기기도 하고, 소수의 일탈이나 범죄 행위로만 보기도 한다. 그러나 실상을 들여다보면 한국의 체벌 관련 제도적 상황은 그리 확고하지 않고 구멍투성이다.

우선 2015년 개정된 「아동복지법」에 '신체적·정신적 고통을 가해선 안 된다'라고 명시됐으니 이때부터 모든 체벌은 금지된 것으로 보일 수 있다. 그러나 과연 한국 정부나 시민들이 이 법률을 체벌을 완전히 금지한 것으로 받아들였는지는 의문스럽다. 체벌을 교육, 훈육, 지도 방법이라고 생각하는 사회에서는 '신체적 고통을 주어선 안 된다', '폭력을 가해선 안 된다', '학대해선 안 된다'와 같은 표현만으론 체벌이 금지되었다고 생각되지 않을 수 있다. 체벌이 '폭력', '학대'와는 다른 교육 수단이나 애정·관심의 표현으로 포장되기 때문이다. 실효성 있는 체벌 금지는 단지 '고통을 가해선 안 된다'보다 좀 더 명확하고 구체적인 방식으로 제도에 기입되고 시행되어야만 한다.

또한 「초·중등교육법 시행령」의 체벌 관련 규정은

2011년 '학생 지도에 도구와 신체 등을 이용해 고통을 주는 방법을 써선 안 된다'라고 명시한 데 머물러 있다. 당시 교육부는 이를 직접 때리지 않는 방식의 체벌을 허용하는 것이라는 해석을 내놓았고, 그 후 실제로 학교 현장에서는 구타가 아닌 형태의 체벌이 더 공공연히, 빈번하게 발생했다.* 교육부는 학교에서 체벌 및 굴욕적 처벌을 완전히 금지한다고 천명하지 않은 채, 2023년 이후 「교원의 학생생활지도에 관한 고시」 등을 통해 체벌에 해당할 수 있는 '과업 부여'나 '물리력 행사' 가능성을 열어 두고 있는 실정이다.

무엇보다도 문제는 체벌 금지를 선언한 것 이상으로 체벌을 예방하고 대처하기 위한 제도가 없다시피 하다는 점이다. 정부는 무엇이 금지되는 체벌인지, 어린이·청소년의 인권을 존중하기 위해 어떤 점을 주의해야 하는지를 홍보·교육해야만 하고, 체벌이 일어나지 않을 수 있는 환경을 조성하기 위해 노력해야 한다. 그리고 체벌이 일어났을 때

---

* 2023년 충남 지역 단체들이 조사한 결과, '손 들고 있기, 벽 보고 서 있기, 운동장 빠르게 걷기, 앉았다 일어서기, 팔 굽혀 펴기' 등 체벌에 해당하는 벌을 학칙에 명시한 중고등학교가 다수 존재했다. "손 들고 벌서고, 벽 보고 서 있고… 2023년도 학교 맞나요?", 〈오마이뉴스〉, 2023년 7월 6일.

대처하고 피해를 구제하고 재발을 방지할 수 있는 실효성 있는 절차와 통로가 존재해야 한다.

하지만 지금은 가정·학교 등에서 체벌을 겪은 많은 어린이·청소년이 학교나 경찰, 관련 기관 등에 도움을 요청하고 적절한 조치를 받을 것을 기대하기가 어려운 상황이다. 아동학대에 관련된 절차가 있으나, 아동학대로 판단될 만큼 정도가 심하지 않으면 주의를 주는 정도로 끝나기도 하며, 확실한 증거가 요구되는 것 등 형사 처벌 위주의 제도가 지닌 한계도 있다. 체벌 금지는 우리 사회에 확고한 원칙으로 자리 잡지 못했고 정부 및 공공 기관의 교육이나 홍보도 그리 적극적이지 않다.

체벌은 사회 곳곳에 뿌리 깊게 만연해 있는 인권 문제이다. 그러므로 이를 근절하기 위한 정책 역시 적극적이고 철저해야 한다. 단순히 법에 '체벌을 해선 안 된다'라는 문구를 적어 두는 것은 일제강점기 때도 하던 일이다. 실질적 체벌 금지를 위해선 그 이상으로 '체벌은 폭력이자 인권 침해이자 범죄'라는 인식을 확실히 해야 하며, 체벌 문제가 발생하면 경시하지 않고 대응하는 시스템이 만들어지고 적절한 예산과 인력의 배치가 이루어져야 한다. 또한 '학교에서든 가정에서든 어느 곳에서든 어린이·체벌은 금지된다'라고 명시한 법률을 제정하고, 유엔아동권리위원회가 제시한 취지를 따라 어린이·청소년의 인격을 짓밟는 폭력 및 굴욕적 처벌을 가해선 안 된다는 가이드라인을 마련하는 일은 여전히 중요하다.

모두의 문제, 현재의 문제

과거를 배경으로 한 드라마 같은 데서 교사가 학생을 폭행하는 장면이 나오면, 온라인상에는 학교에서 당한 체벌 경험을 증언하는 글이 쏟아지곤 한다.* 가정에서 체벌이나 모욕을 당한 경험, 아동복지시설에서 체벌을 겪은 이야기 등도 그리 드물지 않게 들을 수 있다. 사실 헤아려 보면 그리 오래된 일도 아니다. 체벌이 법으로 제한되기 시작한 지 이제 10~15년밖에 안 됐으니 말이다. 2006년 2월에 고등학교를 졸업한 나 역시 초·중·고에서 거의 매일 체벌을 경험했고, 가정에서 회초리를 맞는 일, 태권도 도장이나 학원에서 체벌을 당하는 일이 전혀 이상하게 생각되지

---

* "'더 글로리'가 쏘아올린 공에 '교폭' 폭로도 줄이어… "시계 풀고 1시간 구타"", 〈세계일보〉, 2023년 3월 15일.

않았다.

이런 경험들은 보통 '이상한 폭력 교사', '자격 없는 부모' 등 개인의 잘못으로 해석되고 그들에 대한 원망과 비난으로 표현되곤 한다. 그러나 수천만 명이 함께 경험한 사회 현상이 일부의 일탈과 잘못으로 설명될 수는 없다. 체벌은 매우 사회 구조적인 문제이지만 그에 걸맞게 논의되지 못하고 있는 것이다. 이는 어린이·청소년의 인권에 관한 언어와 인식이 그만큼 부족하다는 것을 보여 주는지도 모른다. 그런 와중에 체벌은 비록 정도나 빈도가 줄었더라도 현재에도 지속되고, 반복되고 있다.

체벌은 어린이·청소년이라는 사회적 소수자에 대한 차별·폭력이자, 누구나 어린이·청소년 시기를 경험한다는 점으로 인해 매우 보편적인 폭력 피해·가해 경험이다. 이에 대한 책임 역시 개인만이 아니라 국가와 정부에게 함께 물어야 한다. 폭력을 묵인하고, 허용하고, 때로는 조장함으로써 반인권적으로 가족·학교 등의 사회 체제를 유지해 온 데 대해 따져야 한다. 그리고 모두가 사회적·집단적 노력을 통해 상처를 극복하고 치유해 나가야 한다. 한국에서 살아온 사람들에게는 체벌로 입은 상처를 꺼내 놓고 이야기하며 이를 미화하지 않고 성찰하는 과정, 사과하고 용서하는 과정이 필요하다. 그래야만 체벌이 우리 모두에게 남겼고, 남기고 있는 상처를 치유할 수 있을 것이다.

다시 한번 강조하건대, 체벌은 어린이·청소년에 대한 혐오 폭력이다. 어린이·청소년을 때릴 수 있고, 때려야 한다고 믿는 사회는 어린이를 혐오하는 사회라고 할 수 있다. 그런 역사와 현실을 인정하는 데서부터 변화는 시작될 것이다. 체벌은 이미 지나간 과거의 문제라고 여기거나 일부 문제적 개인의 잘못이라고 여기는 것부터 멈춰야 한다. 정부는 지금도 크게 들려오는 "요즘은 애들을 너무 안 때려서 문제", "애들은 맞아야 한다" 같은 말들에 귀를 기울이는 대신, '누구든 맞아도 되는 사람은 없다'는 원칙을 세우고, 체벌이 사라지도록 노력해야 한다. 그래야만 어린이·청소년의 신체의 자유와 인간적 존엄성이 보장되는 사회를 만들고 어린이·청소년의 인권을 지킬 수 있다.

어린이들의
목소리에 돌아온
어른들의 '억까'

핵 오염수 방류 반대와 기후 소송에 나선
어린이들은 어떤 반응을 마주했나

남궁수진

핵 오염수 문제와 기후 위기에 대해
이야기하러 간 어린이들

2023년 8월 8일 오전 10시 30분. 6명의 어린이와 6명의 양육자들 그리고 탈핵법률가모임 해바라기 대표 김영희 변호사는 국회 본청에 들어섰다. '당 대표 회의실', 화면으로만 보던 곳이었다. 복도에서 우리는 숨을 크게 들이켰다. 오늘 행사의 공식 명칭은 '후쿠시마 오염수 해양 투기 저지를 위한 아동·청소년·양육자 간담회'이다. 양육자들은 6명 어린이 활동가들의 고사리손을 잡고 들어가야 한다. 돌이켜 보면, 그렇게 스치는 불안감을 안고 회의실 문턱을 넘는 순간, 우린 이미 짜여 있는 판 속으로 쓸려 갔던 것이다.

"엄마, 바다에 핵 오염수가 들어가잖아. 그리고 햇빛에 바닷물이 증발할 거야. 그리고 비가 돼서 내리겠지? 그럼 그걸 우리가 마시는 거잖아."

초등학교 2학년인 김한나는 핵 오염수에 대해 관심이 많았고, 왜 우리나라는 바다를 마주한 일본이 핵 오염수를 버리는 것에 찬성했는지 의아해했다. 그런 어린이가 손피켓 그림을 그리고 걱정스런 마음으로 회의실에 앉았다.

"지난주에 저는 교회 수련회를 다녀왔습니다. 친구들과 바닷가에서 파도를 탔습니다. 너무 재미있었습니다. 그때 나는 후쿠시마 바다를 생각했어요. 그곳도 안전하고 행복한 바다일까요?

저는 영상으로 후쿠시마 핵 발전소를 보았어요. 너무 위험해서 사람이 들어가지 못했고 로봇이 촬영한 것이었습니다. 발전소 안은 아주 끔찍했어요. 그런데 거기서 나온 위험한 물을 바다에 버린다고요? 저는 무지 놀랐습니다.

내가 제일 싫은 건 우리나라 대통령이 핵 오염수를 바다에 버리는 걸 찬성했다는 거예요. 만약 저나 제 친구 누구가 대통령이라면 핵 오염수를, 바다에 버리는 걸, 절대로 막았을 겁니다. 우리처럼, 후쿠시마 오염수를 반대하는 국민들도 많습니다.

마지막으로 우리나라도 위험한 핵 발전을 당장 멈춥시다. 저는 핵 발전소보다도 더 무서운 말을 써야 한다고 생각해요.

왜냐면 경주 월성에 사는 다섯 살 동생도 피폭되었어요. 너무 속상합니다."

어린이 활동가의 발언에 이어 청소년과 양육자가 발언했다. 특히 김정덕 활동가는 오늘 우릴 초청한 더불어민주당의 무책임한 기후 위기 대응 행태를 꼬집었다.

"2022년 9월 30일 '신규 석탄 발전소 철회를 위한 탈석탄법 제정'에 관한 청원이 국민 5만 명의 동의로 국회 산업통상자원중소벤처기업위원회에 회부되었습니다. 그러나 청원 달성 10개월이 지나도록 국민 청원은 입법 발의의 문턱을 여전히 넘지 못하고 있습니다. 본 청원이 국회에 회부된 후에 '신규 석탄 발전 중단법' 제정을 서두르라는 시민들의 요구와 관련 활동들은 하루도 빠짐없이 계속되고 있습니다. 작년 11월 이후로 230일 넘게 국회 앞 1인 시위는 계속됐습니다. 여기 계신 어린이 활동가분들도 가을, 겨울, 봄, 여름이 될 때까지 국회 앞에서 함께했습니다.

그러나 정작 민주당 등 거대 정당들은 법안 발의를 위한 가시적인 노력을 보이고 있지 않습니다. 이는 국회가 5만 시민들의 청원 요구를 외면하면서, 시급한 기후 위기 대응이라는 국회의 의무를 방기하는 것이 아니고 무엇이겠습니까."

김정덕 활동가는 이 외에도 수라 갯벌과 낙동강 하구에 새만금 공항, 가덕도 신공항을 건설하려는 등 심각한 기후 위기에도 안이한 국회의 태도에 대해 구체적인 지적과 비판을 이어 갔다.

이에 대해 당시 더불어민주당 이재명 대표는 "대한민국의 모든 환경 문제에 관심 가지고 노력해야 되겠지만, 지금 당장 시급한, 핵 오염수 배출 문제에 대해서 총력 단결하고 저지할 때가 된 것 같습니다"라며 김정덕 활동가가 규탄한 내용을 기피하려는 의도를 내비쳤다. 더불어민주당의 속내는 알 수 없으나, 그날 어린이들과 양육자들의 발언은 더불어민주당을 편드는 것이 전혀 아니었다. 반대로 더불어민주당이 오히려 할 내용이었다.

어린이의 자발성을 부정한 정치와 언론

2023년 8월 8일 당시, 더불어민주당 대표가 회의실에 들어설 때 무섭게 빗발쳤던 카메라 플래시들은 수많은 기사로 이어졌다. 그 회의의 전체 내용은 유튜브로 생중계되었고, 기자들도 현장에서 취재를 했음에도 불구하고 어린이들과 양육자들이 규탄했던 내용들은 중요하게 다뤄지지 않았다.

오히려 신문 기사는 제목에서부터 속 내용까지 어린이들을 폄하하기에 바빴다. "8살 어린이를 "활동가" 소개… 대통령 성토케 한 野 '오염수 간담회'", "행사에 불려 나온 어린이들"*, "고작 아이들을 선동의 도구로 이용하는 것인가", "초등 2년생을 '활동가'라 부르며 오염수 저지 간담회 연 민주당", "광우병 괴담, 사드 괴담 때마다 아무것도 모르는 아이들까지 동원하여 정쟁에 이용했던 민주당의 모습"**……

비단 기사 제목과 내용만이 아니었다. 기사에 사용된 사진도 의도적이었다. 오랜 간담회에 지친 어린이가 짧게 하품을 한 찰나를 메인 사진으로 쓰거나, 어린이들의 눈을 모자이크 처리 한 치욕스런 사진도 있었다.*** 하품을

---

* "8살 어린이를 "활동가" 소개… 대통령 성토케 한 野 '오염수 간담회'", 〈조선일보〉, 2023년 8월 8일.
** "6세 어린이가 활동가?… 與 "후쿠시마 정쟁에 아이들까지 이용"", 〈한국경제〉, 2023년 8월 8일.
*** ["민주당 '尹 비판 무대'에 6~10세 아이들 등장", 〈조선일보〉, 2023년 8월 9일] 외 〈채널A〉, 〈TV조선〉 보도 다수.

한 모습으로 폄훼된 어린이 활동가는 5만 명이 모인 '일본 오염수 방류 중단 촉구 집회'에서도 당당히 목소리를 낸 이정후 활동가이다.

기사 밑에 달린 댓글은 양육자로서 감히 떠올리고 싶지 않고, 차마 글에 담을 수가 없다. 아기 기후 소송에 참여한 한제아 님이 〈MBC〉와의 인터뷰에서 이야기한 내용으로 갈음한다. "댓글 중에서는 너는 숨도 쉬지 말라고……."*

어린이들은 악의적인 보도에 시달렸고, 직접 해명에도 나섰다. 정치하는엄마들은 "왜 그 누구도 어린이 활동가들의 자발성은 전제하지 않는 것인가? 어린이 활동가들의 정치적 견해를 무시하고 어린이를 수동적·비자발적 존재로 폄훼하기 이전에, 언론인으로서 자신의 견해는 무엇인지 자신의 취재 방식이 수동적이고 비자발적이진 않은지 자성하기를 바란다"라는 성명을 냈고, 더불어 어린이 활동가들의 의견을 물었다. 어린이들은 자신의 자발성을 부정한 어른들에게 쓴소리를 했다.

---

* "[이슈+] 기후 변화 헌법소원 이끈 6학년… 이유는?", 〈MBC〉, 2024년 9월 5일.

"안 가고 싶으면 안 간다. 어디를 가든 내가 결정한다."(박서율 활동가)

"내가 가고 싶어서 간 거다. 난 이 문제에 관심이 있고 후쿠시마 핵 오염수를 바다에 버리는 걸 반대하기 때문에 간 거다. 국민의힘과 그 기자 누구냐?"(백재희 활동가)

"어린이 모욕하지 마세요, 얕보지 마세요."(정두리 활동가)

"나오고 싶어서 나온 거예요. 왜냐하면 후쿠시마 오염수가 얼마나 심각한지 알리고 싶고, 어린이 의견을 전달하려고요."(이지예 활동가)

특히 이은유 활동가는 "오징어와 문어를 좋아해서 바다를 지켜야 한다"라고 이야기하고 싶었지만 발언 기회가 없었다며 아쉬움도 표현했다. 이은유 활동가는 교육부, 환경부, 농림축산식품부, 해양수산부, 산림청, 기상청 등 6개 관계 부처의 업무 협약으로 선정돼 지원 중인 '탄소 중립 중점 학교'에 재학 중으로, 2022년 3월부터 탄소 중립 교육에 참여하고 있다. 양육자인 권영은 활동가는 "아이가 교육받고 실천하다 보니 덩달아 양육자도 교육받게 됐고, 저희도 실천할 수밖에 없었다"라고 밝혔다.

당시 언론들이 가리고 묻어 버린 내용은 이뿐만 아

니다. 간담회에 참석한 더불어민주당 우원식 원내대표는 후쿠시마 핵 오염수 반대 단식 투쟁 때 받은 편지를 내보였다. 서울 태랑초등학교의 한 학생이 오염수를 막아 달라는 서명을 100명의 어린이에게 받아서 보내 온 것이었다.

"해양 생물 그리고 아이들에게 조금이라도 걱정을 덜어 주는 미래를 선물해 주세요. 부디 이 오염수를 방류하는 것에 대해 한 번 더 깊이 생각해 주세요. 여름에는 바다에서 물놀이도 하고 걱정 없이 해산물도 먹고 싶습니다. 부탁드려요. 제발 다시 한번 생각해 주세요."

기후 위기에 대해 어린이들이 목소리를 낼 때마다 불통한 소리를 들어 왔다. 이에 더해 민주당과 함께 간담회를 가졌다는 이유로 어린이들이 하고 싶었던 이야기, 양육자가 외치는 소리는 묻혔고, 어린이를 폄훼하는 뉴스와 여당에 의해 고통받는 참혹한 시간이 흘렀다. 이 일련의 사건에서 정말로 '정치적'인 것은 누구인가? 발화자가 이야기한 내용은 덮어 버리고자 빨간 칠을 하고 의도적인 이미지 왜곡으로 몽니를 부린 쪽은 여당과 언론 아닌가? 더 나아가, 왜 어린이들은 정치적인 목소리를 내면 안 되는가?

1년이 지난 후, 기후 소송에서 이기고……

1년이 지난 2024년 8월, 후쿠시마 핵 오염수 문제는 괴담이었다고 평가하는 정치인들과 그것을 그대로 받아쓰는 언론들의 모습은 여전했다. 초등학교 3학년이 된 김한나 활동가는 후쿠시마 핵 오염수 방류 1주년, 방류 반대 기자회견에 자신도 꼭 참석하고 싶다고 양육자를 채근했다. 바다가 죽는다고, 바다의 작은 생명들이 피폭되면 그 다음 큰 물고기 그리고 우리까지 피폭된다며 꼭 가자고 한다. 기자회견에 참석하러 집을 나서는데, 2023년에 당 대표 회의실 앞에서 정두리 활동가가 자비로 후쿠시마 오염수를 알리려고 복사해서 친구들에게 나누어 주었던 종이가 눈에 띄었다. 김한나 활동가도 종이를 건네받으며 친구들에게 함께 알리겠다고 마주 보고 웃었던 순간이 스쳐 지나간다.

그로부터 다시 20여 일이 지났다. 2024년 8월 29일, 「탄소중립기본법」 위헌 심판 청구에 대한 헌법재판소의 선고일이었다.* 지난 2022년 6월, 어린이 활동가들을 포함하여 62명의 '아기 기후 소송단'(5세 이하 39명, 6~10세 22명, 20주차 태아 1명)도 헌법소원에 청구인으로 이름을 올렸다. 지

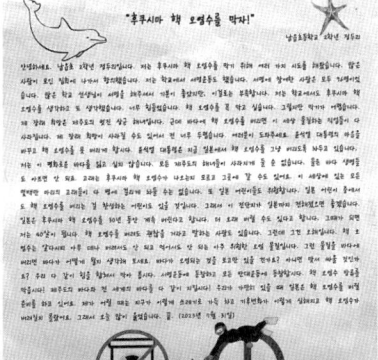

2023년 국회에서 정두리 활동가(왼쪽)가 직접 만들어 복사한 홍보지를 김한나 활동가(오른쪽)에게 건네주던 모습. 김한나 활동가도 웃으며 친구들에게 알리겠다고 대답했다.

난 2년 동안 어린이·청소년들은 헌법재판소 재판관에게 손편지를 보내고, 뜨거운 낮에 기자회견을 하느라 마이크를 들었다. 정부가 기후 위기를 막기 위해 제대로 계획을 세우고 실행할 것을 촉구했다. 드디어 선고의 시간이 왔다. 헌법재판소는 2050년까지 탄소 중립 계획이 부재한 것이 미래 세대의 환경권을 침해한다며 "헌법 불합치" 결론을 내렸다.

어린이·청소년들이 이겼다. 1년 전에 언론과 여당이 '무얼 아느냐'고, '북한처럼', '동원되었다'고 힐난하고 모욕했던 어린이, 청소년들이 해낸 것이다. 아기 기후 소송 당사자 중 헌법재판소 공개 변론에서 변론한 한제아는 이제 여러 매체에 인터뷰이로 등장한다. 심지어 후쿠시마 오염수 문제에 목소리를 낸 어린이들을 모자이크 처리해서 "명백한 아동학대"라고 연일 보도했던 〈TV조선〉도 한제아를 스튜디오에 초대하여 제법 곱게 메이크업을 해서 출연시키는 정성을 보였다.

한제아 님은 여러 매체 인터뷰에서 밝힌다. 우리를 욕

---

* 2020년 3월 청소년기후행동, 2021년 10월 기후위기비상행동, 2023년에는 환경단체 회원 등 시민들이 제기한 헌법소원 4건을 병합하여 2024년 8월 29일 헌법재판소가 판결을 선고했다.

하는 어른들이 있었다고. 심지어 기사를 찾아본 친구들이 "어른들이 제아에게 억까(억지로 욕한다는 뜻)했다"라고 말해 주었다는 일화도 이야기한다. 인터뷰어는 말한다. "그저 무시하라"고……

1년 전 지옥 같았던 그때는 인터넷 기사와 유튜브에 박제되어 있고, 무엇보다 어린이와 양육자 들의 기억에서 지워지지 않는다. 어린이의 주체성을 폄훼했던 당사자인 여당과 언론들은 자신들의 행태를 그냥 덮고 넘어갔고 반성과 사과란 없었다. 어린이 활동가의 발화 내용이 아닌 자신들의 정치적 입장대로 어린이 활동가를 보도, 재현하는 행태. 어린이의 인권이 우선인가, 정치적 진영이 우선인가? 어린이 인권에 대한 우리 사회의 의식 수준은 이렇게 여실히 증명되었다.

"제가 해냈어요"

대한민국에서 어린이·청소년은 경쟁 교육, 입시 교육의 대상일 뿐이다. 수학과 과학, 영어, 예술에서 뛰어나게 두각을 보이는 영재는 추켜세우기 바쁘다. 그러나 기후, 인권, 혹은 민감한 정치적 사안 등에 대해 관심을 갖고 공부하며 목소리를 내는 어린이, 청소년에게는 무서운 말을 쏟아 낸다.

기후 위기 시대에 어린이·청소년들은 이미 많은 것을 겪어 왔다. 영유아 때부터 미세 먼지로 마스크를 쓰라는 채근을 받았다. 몇 년 후에는 코로나19로 마스크는 아예 얼굴이 되어 버렸다. 한창 사회적 지능을 키워야 할 때 세상과 분리되어서 학교에도 가지 못하고 밖에서 여럿이 어울려 편하게 뛰어 놀지 못했다. 더워진 날씨로 2024년 여름에는 실내 놀이만 가능했다. 친구들과 많이 못 놀았다고 볼멘소리를 하는 어린이에게 앞으로 올 여름은 더 더운 날들뿐이다. 기후 위기의 피해를 온몸에 나이테처럼 새긴 어린이들에게 우리 사회는 목소리를 외치지도 못하게 한다. 기후 위기 앞에 살아갈 곳이 난파되고 있는데 '가만히 있으라'고 한다.

> "먼저 하고 싶은 말이 있습니다. 방정환 선생님은 아이들을 어른과 똑같이 대하라고 하셨습니다. 어린 아이가 무얼 아냐고 하지 마세요. 저는 활동가이고 제 의견을 말할 수 있습니다. 그럼 발언을 시작하겠습니다."

2023년 8월 8일, '후쿠시마 오염수 해양 투기 저지를 위한 아동·청소년·양육자 간담회'에서 김한나 활동가의 발언은 이렇게 시작되었다. 1년 후, 2024년 8월 아기 기후 소송에서 이겼을 때, 김한나에게 어른들에게 하고 싶은 말을 물었다.

"제가 해냈어요."

"그래, 한나와 친구들, 그리고 동생들, 언니, 오빠가 해냈어. 다같이 고생했어."

"아니, 그게 아니야. 그 뜻이 아니야."

"응?"

"엄마가 시켜서 한 게 아니라 내가 하고 싶어서 한 거라고."

성평등·성교육 도서는 어린이의 권리다

'금서'가 아니라 모두에게,
더 많이 필요한 책들

김용실

2020년, 여성가족부(여가부)가 초등학교에 배포한 '나다움 어린이책'이 폐기당하는 사건이 일어났다. 나다움 어린이책은 여가부가 2019년부터 성역할 고정관념을 줄이고 남자다움, 여자다움이라는 이분법적 틀이 아닌, '나답게' 살아갈 수 있도록 돕는 책을 선별하여 학교에 보내는 교육 사업이었다. 그러나 보수 정당 국회의원이 나서서 나다움 어린이책 134종 중에서 《아기는 어떻게 태어날까》, 《나는 토팽이》, 《걸스 토크》 등 7종 10권의 책들에 대해 '조기 성애화 조장', '동성애 미화'라며 문제 삼았고, 여가부는 바로 조치를 취하겠다고 답변했다. 이후 많은 학교 도서관과 공공 도서관에서 나다움 책이 사라졌다. 어린이들이 보는 책에 대한 검열은 일상에서 부모·교사 등에 의해 곧잘 있어 왔다. 그러나 나다움 책 회수는 어린이들을 독자로 한 성평등·성교육 책들을 검열하고 '금서'로 딱지 붙인 보수 기독교계의 행태에 대해 정부가 공식적으로 인정, 동조한 사건이었다는 점에서 훨씬 심각한 의미가 있었다.

  2023년, 보수 학부모단체의 민원으로 충남 지역 공공 도서관에서 어린이 성평등·성교육 책들이 열람 제한 되었다. 이들 또한 나다움 책을 비롯한 117종의 책들이 페미니즘과 동성애를 미화하고 어린이를 조기 성애화한다고 주장했다. 이는 '나다움 어린이책 폐기' 사태의 연장으로, 어린이 성평등·성교육 책에 대한 검열 시도가 계속 이어졌고 그 결과가 충남에서 나타난 것이었다.

당시 충남차별금지법제정연대를 비롯한 시민 사회는 성평등 책담회, 토론회, 국가인권위원회 진정 등으로 도서 검열 행태를 공론화했다. 그러나 상황은 더욱 악화되었다. 지방의원과 지자체장까지 가세하였고 충남만이 아니라 전국의 공공 도서관에서 성평등·성교육 도서 열람 제한과 폐기가 퍼져 나갔다. 경기도교육청이 성 관련 도서 폐기를 권고하는 공문을 보내 초·중·고에서 총 2,528권이 폐기되기도 했다.* 2024년 12월에는 사실상 도서 검열을 승인하는 「충남도서관 및 독서문화 진흥 조례」 일부 개정안이 충남도의회에서 통과되었다.

아이들을 보호한다는 명목으로 지난 몇 년간 소리 없이

---

* 여기에는 2024년 노벨문학상을 수상한 한강 작가의 《채식주의자》도 포함되어 있어 더욱 논란이 되었다. "한강 '채식주의자' 폐기 권고… 경기교육청 논란되자 "학교가 판단"", 〈오마이뉴스〉, 2024년 10월 11일.

또는 티 나게 성평등·성교육 책들이 도서관에서 사라졌다. 그렇다면 과연 이들이 지목하는 성평등·성교육 책들이 도서관에서 사라져서 아이들은 안전해졌을까? 그렇지는 않아 보인다. 이런 책들과 무관하게 성차별, 성희롱, 성폭력 등이 학교에서나 사회에서나 계속 일어나고 있다는 것은 모두가 아는 사실이다. 2024년 9월 9일 교육부에서 발표한 초·중·고교 내 딥페이크 성범죄 현황 조사 결과를 보면 10대 피의자 비율이 73.6%나 된다. 피해자, 가해자가 어린이·청소년이다. 이런 현실 속에서 어린이들은 어디서 성에 관해 배우고 자라야 할까? 어른들은 이 물음에 먼저 답해야 한다.

중년에도 필요한 성교육 책

충남차별금지법제정연대로 한 시민의 제보가 접수되었다. 학부모단체에서 자신들이 보기에 어린이·청소년에게 유해하다고 여겨지는 책들(나다움 책 등)을 공공 도서관의 어린이·청소년 서가에서 일반 서가로 옮기라고 주장하는 홍보물을 도서관에 비치하도록 요구하고 있다는 것이었다. 그리고 이들이 지속적인 전화와 방문으로 도서관 종사자들을 괴롭혀, 사서들이 '민원'에 대응하는 과정에 극심한 스트레스로 분노와 우울감을 경험하고 있다는 것이었다.

충남차별금지법제정연대는 연대하는 시민단체들과 해당 도서를 함께 읽으며 이야기 나누는 'NO 금서, YES 필독서! 릴레이 성평등 책담회'를 열었다. 내가 활동하는 어린이책시민연대의 회원들도 적극적으로 참여했다. 민원을 넣는 단체들은 성교육 분야의 고전으로 꼽히는 책들, 세계적으로 인정받는 어린이 성평등 도서들을 '음란물'이라고 규정한다. 존엄과 평등을 말하는 페미니즘이나 성평등으로부터 아이들을 구하겠다는 발상은 어떻게 나온 것인지, 이들의 주장이 정말 무엇인지, 폐기하라는 책들이 어떤 책들인지 궁금함을 가지고 책담회를 진행했다. 이 책들이 정말 어린이·청소년, 학부모를 비롯한 양육자, 시민들에게 금지되어야 하는지, 우리가 먼저 읽고 알아 가는 게 필요했다.

책담회가 아니었다면 아마도 평생 읽어 보지 않았을 성교육 책들을 읽었다. 내가 발제를 맡은 《생리를 시작한 너에게》는 나를 아끼는 언니가 처음 생리를 시작하는 자매에게 생리에 대해 하나하나 알려 주는 것 같은 책이었다. 부끄럽거나 불편한 마음을 알아줄 뿐 아니라, 세세한 용품 사용법과 예상되는 어려움, 해결 방법과 대안 등 구체적이고 현실적이어서 읽는 것만으로도 도움이 되는 내용이었다. 무엇보다 책장을 넘길 때마다 책 속 곳곳에서 "어떤 최악의 상황일지라도 너에게만 일어나는 일이 아니니 안심하렴"이라며 먼저 마음을 다독여 준다. 작가가 생리컵을 사용한 소감은 먼 나라에 사는 청소년의 이야기였지만 고개가 끄덕여졌다.

"난 생리컵이 정말 좋아. 생리컵을 빼내 내 몸에서 뭐가 나왔는지 직접 두 눈으로 확인할 수 있으니까. 생리컵을 사용하면 수수께끼 같은 생리의 전 과정을 확실히 알 수 있고, 스스로 내 몸을 조절하고 있다는 느낌이 들거든."

내 몸에서 어떤 일이 일어나는지를 알게 된 후에야 스스로 통제하는 주체성을 가질 수 있다. 왜 통증이 있고 그토록 공포와 부끄러움을 갖게 되었는지 아는 것이 나를 자유롭게 한다. 알고 보니 피는 고작 2스푼 정도 나오는 것이고 배가 아픈 것은 자궁에 붙어 있는 세포 등이 잘 떨어져 나가게 하려고 수축하는 것이라는 말은 아픔과 공포의 실체를 알게 했다. 그러니까 피가 나오는 게 그렇게 이상한 건 아니라는 이야기다. 처음 생리를 했을 때부터 어설픔(잘 몰라서 발생하는 것이 대부분인), 신체적 고통(생리증후군), 부끄러움(사회적 시선)을 혼자서 감내하며 중년이 된 나 자신에게 미안한 마음이 들었다. 때가 돼서 자연히 알았고 그 시기를 잘 넘겼다고 생각했는데 그때 얼마나 힘들었고 주눅 들었는지를 책을 읽으며 제대로 돌아보고 이해하게 됐다.

이제라도 내 몸을 정확히 알고 내 몸에서 일어나는 감각들, 피와 땀과 분비물을 부정하지 않아도 된다니 기뻤다. 책을 읽고 책담회에서 이야기를 나누는 것은 나와 다른 다양한 사람들이 어떤 모습으로 살고 싶어 하는지 배우는 시간이기도 했다. 늙은 몸을 혐오하고 여성의 몸을 대상화하며 몸의 억압을 멈추지 않는 사회에서 성평등·성교육 책은 어린이는 물론이고 어른들도 읽으면 좋은 것이다.

이미 우리가 알고 있듯이 어린이·청소년들은 매일 수많은 영상이 쏟아지는 유튜브, 원치 않아도 성적인 콘텐츠를 보여 주는 SNS를 통해서 성과 관련한 정보를 접하고 있다. 여성을 비하하는 남성 게임 유튜버의 남자 어린이 구독자가 굉장히 많다는 사실도 잘 알려져 있다. 성인도 마찬가지이지만 어린이·청소년들에게 스마트폰은 항상 지니고 있는 몸의 일부가 되었고, 부모는 아이가 무엇을 보는지 일일이 알 수 없다. 이런 상황에서 어린이·청소년들은 이미 성적 콘텐츠나 음란물에 노출되어 있거나, 아직 안 봤다고 하더라도 그런 것을 접하는 것은 곧 닥칠 일이다.

어쩌면 이런 콘텐츠를 접하는 것을 막을 수 없기 때문에, 성평등·성교육 책들이 '조기 성애화'를 부추긴다는 말에 양육자들이 한층 더 불안해하는 것인지도 모른다. 하지만 이미 이런 사회에서 아이들이 살아가고 있는데, 도서관에서 '문제적인 책들'을 뺀다고 해서 아이들이 안전해질 수 있을까? 이야기를 나눠보고 싶다. 정말 불안하다면, 양육자들도 이 책들을 함께 읽고 이야기를 나누어 보자고 하고 싶다.

성이 두려워 성교육 책도 못 읽었다

2020년 여성가족부가 나다움 책 회수를 발표한 일로 떠들썩했을 때, 초·중·고 학생인 자녀를 둔 어린이책시민연대 회원들과 그중 한 권인 《아기는 어떻게 태어날까?》를 읽고 토론한 적이 있다. 덴마크에서는 1971년에 출판되었지만, 한국에는 2017년에 번역 출간된 책이다. 이 책은 우

2023년 8월 1일, '공공 도서관을 향한 성평등 책 금서 요구, 무엇이 문제인가?' 토론회를 열었다. 어린이책시민연대, 독서 모임, 인권활동가, 성교육 강사와 도서관 관계자들까지 많은 사람이 모였다.

리 사회가 권장하는 이성애와 결혼 제도, 출산을 장려하는 내용을 담고 있음에도, '성관계' 장면과 '성적 즐거움'을 말했다는 이유로 일부 학부모단체들의 분노를 샀다. 솔직히 말하면, 나도 처음 이 책을 봤을 때는 당황했다. 결혼하고 사랑하는 사람과 섹스를 하는 건 모두가 알고 있는 '사실'이지만 책의 맥락은 사라진 채 발췌된 성관계 묘사 장면에 바로 반응하게 되었던 것이다.

이 책에서는 사랑을 나누는 즐거움을 말한다. "아빠랑 엄마는 서로 사랑해. 그래서 뽀뽀도 하지. 아빠 고추가 커지면서 번쩍 솟아올라. 두 사람은 고추를 질에 넣고 싶어져. 재미있거든." 그리고 성교를 '신나고 멋진 일'이라고 한다. 나는 자라면서 성교를 신나고 멋진 일이라고 말해주는 교육을 받지 못했다. 아기가 어떻게 생기는지, 왜 어른들의 성기는 나와 다르고 털이 있는지 궁금했지만 묻지 않았다. 성인이 되어서도 드러내서 말하면 안 되고, 즐거워하면 안 된다는 죄의식에서 자유롭지 않았다.

그날 학부모들이 입을 모아 한 이야기는 양육자인 우리가 제대로 된 성교육을 받지 못해서 "섹스"라는 단어도 입에 올리지 못하고, 누가 볼까 겁나서 성교육 책 속의 성관계 장면도 제대로 쳐다보지 못한다는 것이었다. 최근에 이

책을 다시 보았는데, 사실은 굉장히 건조한 글과 해부학 같은 그림으로 사실을 전달하는 데 집중한 책이었다. 오히려 50년 전 책이어서 어떤 부분에서는 남성 중심적인 시각이 도드라지는 점이 아쉬웠다. 그러니 '책의 문제'가 아니었다.

학부모들과는 그렇기 때문에 아이들에게 성교육을 제대로 정확하게 할 수 있어야 한다는 이야기도 나누었다. 사실에 기반을 둔 체계적이고 구체적인 성교육이 성관계 시작 시기를 늦추고, 후천성면역결핍증후군^{AIDS}, 성폭력, 원치 않는 임신 등 '성적 위험 상황'에 대한 대처 능력을 향상시키며, 존중과 배려 의식을 높인다는 연구 결과도 있다. "아기가 어떻게 태어나는지 알려 줄까?" 나는 이 이야기를 아이들과 하지 못했다. 성인이 된 우리 아이들은 어디서 무엇을 보고 아기가 태어나는 과정에 대해 배웠을까? 성욕, 자위, 섹스를 어떻게 배우고 받아들이면서 지금의 나이가 되었을까? 혹시 '야동'만 접한 건 아닐까 하는 걱정과 미안함이 들었다.

이 책이 '아기는 어떻게 태어날까?'라는 질문에 진지하게 대답한 '인류의 유산'이라는 책 소개를 봤다. 감동적이었다. 각자도생해야 하는 험한 세상에서 자녀를 보호하느라 불안하고 마음이 약해진 양육자들에게는 이런 힘 있는 언어가 필요했는지도 모르겠다.

아기가 어떻게 태어나느냐는 질문에 뭐라고 답할까? 여전히 다리 밑에서 주워 왔다는 말로 넘기거나, 당황해서 크면 다 알게 된다고 말해 놓고 후회하지 않았으면 좋겠다. 아이들의 질문에 진지하고 솔직하게 대답해야 아이들도 받아들인다. 그래야 부모를 신뢰하고 교사를 신뢰한다. 통제와 회피만 하는 부모는 두렵고 피하고 싶다. 성착취물을 제작하고 유포한 n번방 가해자들이 피해 여학생에게 한 협박은 다른 무엇도 아닌 "부모에게 알린다, 학교에 알린다"였다. 아이들이 어려움에 처했을 때 가장 먼저 알아야 할 사람들은, 가장 알리고 싶지 않은 두려운 대상이 되었다. 자녀를 지키기 위해 책을 골라 읽히고, 휴대전화를 단속하고, 밤잠을 설치며 걱정했지만, '피해자'가 될지 모르니 조심해야 한다는 보호와 통제는 아이들을 지키지 못했다. 우리는 이 현실을 받아들여야 한다. 이제 반성만 하며 통제를 강화하는 것을 멈춰야 한다.

나 역시 인생의 많은 시간을 내 몸을 부끄러워하며 사느라 힘들었다. 성과 관련한 모든 것들은 금기였고, 죄의식과 죄책감이 수시로 들었다. '그래도 잘 자랐다', '엄마 말들어서 탈 없이 컸다'는 말은 하고 싶지 않다. 더 좋은 삶을 살 수도 있었는데 그런 기회와 권리를 박탈당했으니까. 나는 현재를 살아가는 어린이·청소년이 성에 대해서 즐겁게 배우고 편안하게 이야기 나눌 수 있는 어른이 주변에 있길 바란다. 아이가 문을 두드릴 때 당황하지 않고 함께 이야기를 나눌 수 있는 양육자가 더 많으면 좋겠다.

**성적 호기심과 즐거움이
죄책감이 되지 않도록**

성적 호기심과 욕구는 우리 자신에게 있는 것인데, 있는 것을 없다고 할 수는 없는 것이다. 없는 것처럼 말한다면 아이들은 계속 숨기느라 내가 그랬던 것처럼 죄책감에 눌려 살아갈지도 모른다. 자위하는 아이들 때문에 고민인 양육자와 교사들이 있다. 집과 유치원, 학교에서 어린이의 자위를 어떻게 가르칠지를 고민해야 한다. 그것이 우리들이 해야 할 성교육이라 생각한다.

몇 년 전 어린이책시민연대에서는 어린이책에서 금기시하는 주제에 관한 심포지엄을 준비하다가 프랑스 성교육 책을 보게 되었다. 한국에는 출간되지 않은 《엘자가 좋아하는 것》이라는 그림책이었다. 엘자는 요리를 좋아하고, 자전거 타는 것을 좋아하고, 친구와 노는 것을 좋아하는 어린이다. 엘자가 좋아하는 것 중에는 자위도 있다. 책은 여자어린이의 자위를 보여 주며 자위는 즐거운 것이고 자위를 하고 싶을 땐 사람들이 보지 않는 자기만의 공간에서 하는 것이 에티켓이라고 가르친다. 나에게 존재하는 성욕과 성적 즐거움을 없다고 부정하게 하거나, 나쁜 짓이라고 죄의식을 심어 주지 않고, 잘 다룰 수 있도록 알려 주는 성교육이 필요하다.

성적 즐거움은 무엇이 즐겁고 즐겁지 않은지, 내 욕망은 무엇인지 나 자신을 인식하는 것이기도 하다. 내 몸이 느끼는 좋음과 좋지 않음을 명확하게 알 때 상대방의 성적 즐거움을 왜 존중해야 하는지 이해하게 된다. 싫은 것을 강요하지 않고, 싫어하는 것을 억지로 하게 하는 게 범죄라는 것을 배운다.

어린이가 성적 주체일 수 있음을 이야기하며, 성적 즐거움을 인정하고, 성소수자와 다양한 가족의 형태를 보여 주는 성평등·성교육 책이 폐기되고, 학생들과 시민 사회의 오랜 투쟁으로 제정된 학생인권조례가 2024년 충남과 서울에서 폐지되었다. 학교에서는 딥페이크 성범죄가 일어나고 어린이용 스마트폰 무료 게임은 성인 광고를 필수로 봐야만 다음 단계로 넘어간다. 초록우산어린이재단이 발표한 2024년 한국의 아동행복지수는 45.3점이다. 이는 주관적으로 매기는 점수가 아니라 수면, 공부, 운동, 미디어라는 네 가지 활동을 중심으로 권장 시간 대비 실제 시간을 어떻게 보내는지 그 균형 정도를 산출한 것이다. 아이들은 자신의 의사와 상관없이 빽빽하게 짜인 일과에 맞춰 움직이느라 꼼짝할 수가 없다. 스마트폰 사용과 부족한 잠이 서로를 부추기며 '폰 말고는 재밌는 게 없다'는 아이들은 행복하지 못하다. 어린이들 앞에 놓인 현실은 우리가 아는 것보다 더 고통스럽다. 그러나 문제를 학생과 양육자에게 떠넘기며 국가도 정치도, 아무도 책임지지 않는다.

나는 초등학교 돌봄교실에서 책 읽어 주기를 한다. 학급문고에 있는 《아기는 어떻게 태어날까?》는 매년 어린이들이 관심을 갖는 책이다. 교실에서 학생들이 자주 펼쳐보는 또 한 권은 《거짓말》이라는 제목의 그림책이다. '성'과 '거짓말'은 어린이에게 '절대 금지' 되는 것이다. 허용되지 않으니 배울 수 없고 궁금해도 질문할 수 없었는데, 교실 책장에 꽂혀 있는 책 제목을 보고 읽고 싶었을 것 같다.

하지만 《아기는 어떻게 태어날까?》에 대해 아이들이 하는 말은 '변태'이다. 1학년 남자아이들이 책을 보며 변태라고 할 때마다 어떻게 해야 하나 고민이 됐었다. 그런데 변태라는 말 외에는 달리 표현할 말이 없었던 것은 아닐까. 아이들의 진짜 목소리는 '변태'가 되고 싶지 않은 마음이었을 것 같다. 성적 호기심이 불편하고 휴대전화에 뜨는 동영상을 어쩔 수 없이 보게 되는 자신을 지키고 싶은, 아이들이 보내는 구조 신호이지 않았을까. 겨울방학을 시작하기 전, 책 읽어 주기 마지막 시간에 이 책을 읽었다. 교실이라는 공적 장소에서 친구와 선생님과 책을 함께 읽는 것만으로도 안심이 됐을 것 같았다.

어린이가 다양한 성평등·성교육 책과 만날 수 있도록

부모는 아이가 자유롭고 당당하게 성장하길 바란다. 그러나 잘 가르치고 싶은 바람과 달리 아이와 '성'에 관해 이야기를 나누는 것은 너무 어렵다. 어떻게 말을 꺼내고 이야기를 이어 갈지 막막하고, 아는 것도 많지 않아서 자신감이 뚝뚝 떨어진다. 나도 모르게 아이에게 화를 내고 통제할까 봐 걱정이 앞선다. 우리가 할 수 있는 방법 중 하나가 책이다. 그럴 때 책 한 권을 읽어 주고 아이가 궁금해하는 부분에 대해서 같이 이야기를 나누면 좋겠다. 아기가 어떻게 태어나는지, 자라면서 몸에서 어떤 변화가 일어나는지 함께 읽는 것부터 시작할 수 있다. 자위, 성욕, 섹스에 대해 아이들 마음속에 있는 생각과 궁금증, 불안과 죄책감을 알아주는 것만으로도 아이는 부모가 자신의 영혼을 안아 주는 것과 같이 느낀다고 한다.

나다움 책 등의 성평등·성교육 책들을 도서관 서가에서 볼 수 없다는 것이 분노를 넘어 슬프다. 몸, 사랑, 페미니즘, 성 정체성, 어린이 인권, 다양한 가족의 형태. 책들의 주제 분류와 제목만 읽어도 세상이 환해지는 것 같았다. 설령 양육자가 공감하기 어려운 책이 있더라도, 아이들이 학교와 도서관에서 더 다양한 책들을 만나길 바란다. 어린이책시민연대는 누구나 어디서나 무엇이든 읽을 수 있는 독자의 권리를 지키는 운동을 하며, 그럴 때 어린이책에 담긴 다양한 가치관과 이념을 만나 스스로 삶의 역량을 키울 수 있다고 주장한다. 어린이는 자신의 모습을 비춰 볼 수 있는 '거울 책'과 다른 사람의 삶을 들여다보는 '창문 책'을 읽으며 자신을 긍정하고 타자를 포용하는 법을 배운다. 책을 읽고 따라 할까 봐 두렵다는 어른들의 걱정은 그 질문을 부모 자신에게 해 보면 금방 답이 나올 것이다. 내가 누구인가 하는 정체성은 다른 사람과 내가 어떤 점이 다른가를 통해 고유한 나다움을 깨닫게 되면서 형성된다. 이성애자는 동성애자의 모습을 보고 동성애자가 되는 것이 아니라 이성애자라는 자신의 정체성을 더 명료하게 깨닫게 되는 것이다.

양육자가 할 일은 '금서' 목록을 만들고 아이가 무슨 책을 읽는지 감시·통제하는 것이 아니다. 그것은 어린이를 위해서라고 하지만, 사실은 어린이를 통제하려는 것이고 자신의 가치관을 강요하려는 것이다. 그래서 성평등·성교육 책 폐기 사태는 어린이·청소년의 자유의 문제이자, 알 권리, 교육권의 문제이기도 하다. 도서관은 대표적으로 모든 사람이 책을 손쉽게, 평등하게 만날 수 있는 공간이다. 학교 도서관과 공공 도서관에 더 다양하고 더 많은 성평등·성교육 책들이 있으면 좋겠다. 성적인 콘텐츠에 무분별하게 노출되는 것을 막을 도리가 없다면, 어린이·청소년들이 도서관에서 성평등·성교육 책들을 자유롭게 접하고 사유의 힘을 갖도록 하는 것이 훨씬 건강하지 않을까.

NO KIDS

2부

어린이는 시민이다

"어린 사람은 아랫사람이 아니다!"

―――――

나이주의적 언어 문화를
바꾸어야 한다고 외치는 이유

―――――

이은선

어린 사람은 아랫사람이 아닐까?

청소년 인권을 주제로 한 교육을 진행할 때, 나는 항상 '어린 사람은 아랫사람이 아니다'라는 캠페인을 소개하곤 한다. 이 캠페인은 우리 사회의 나이주의^{ageism} 문화에 문제를 제기하고, 어린 사람들도 동등한 사회 구성원으로 존중받을 수 있는 환경을 만들기 위해 마련되었다. 어린이·청소년들이 참여하는 교육에서는 참가자들이 자신이 '아랫사람'으로 여겨졌던 순간에 대해 활발하게 이야기하며, 직접 경험한 불평등한 대우와 언어적 차별의 사례를 나누는 경우가 많다. 이러한 대화는 어린이·청소년들이 나이와 상관없이 동등하게 대우받는 것이 얼마나 중요한지 깨닫게 하며, 사회적 변화의 필요성을 느끼게 한다.

반면 비청소년*, 성인이나 교사들을 대상으로 한 교육

---

* '비非청소년'은 '성인/미성년'의 구분 방법을 뒤집어 청소년 중심적으로 표현한 것으로, 20세 이상인 사람들을 가리킨다. 주로 청소년인권운동에서 사용한다.

에서는 대개 "어린 사람은 아랫사람이 아니죠"라며 당연하게 받아들이는 반응을 보인다. 비청소년들도 이론적으로는 어린이·청소년을 동등하게 대해야 한다는 인식을 가지고 있는 것이다. 그들은 어린이·청소년을 존중하는 것이 기본적인 상식이라고 자신들도 그러고 있다고 믿는다. 하지만 막상 어린이·청소년에게 존댓말을 사용하는지 물어보면, "편한 관계라서 반말을 한다"라고 답하는 경우가 많다. 비청소년들은 어린이·청소년에게 반말을 사용하는 것을 단순히 친밀감의 표현으로 여기고 문제가 안 된다고 생각하는 경향이 있다. 그다음에 어린이·청소년도 함께 반말을 하는지 물어보면, 대부분의 크게 웃으면서 "아니죠"라고 답한다.

이외에도 많은 사람들이 자신이 속한 공동체에서나 길거리에서, 나이가 상대방보다 적어 보인다는 이유로 반말을 들었던 경험이 있을 것이다. 예를 들어, 일상적인 대화에서 상대방이 자신보다 나이가 적다는 이유만으로 반말을 사용하거나, 심지어 공식적인 자리에서도 나이 차이로 인해 존중받지 못하는 경우를 자주 접할 수 있다. 과거에 비하면 나이와 상관없이 초면이거나 공식적인 자리에서는 경어를 사용해 예의를 지키고 상대방을 존중해야 한다는 인식이 많이 확산되었다. 그러나 여전히 나이가 어린 사람들은 반말을 듣거나 존중받지 못하는 일이 적지 않다. 특히 어린이와 청소년에 대해서는 이러한 모습이 더욱 두드러진다. 사적인 관계는 물론, 공적인 자리에서도 나이가 어린 사람에 대한 기본적인 '예의'가 결여된 상황이 자주 발생한다. 이는 어린이·청소년이 긴 시간을 보내는 공적 공간인 학교에서도 마찬가지이다. 교사와 학생, 상급생과 하급생 사이에서 나이가 적은 쪽은 존댓말을 사용해야 하고, 반대로 나이가 많은 쪽은 반말을 사용하는 것이 일반적인 관행으로 자리 잡고 있다.

 존댓말을 사용하는 것이 존중의 전부는 아니지만, 기본적인 존중을 나타내는 중요한 부분인 것은 분명하다. 존댓말은 단순히 격식을 차리는 이상의 의미를 가지며, 상대방에 대한 기본적인 예의와 존중을 표하는 방법으로 작용할 수 있다. 오늘날 한국 사회의 언어 문화 안에서는 상대방을 인격체로 존중하고 수평적 관계를 만들기 위한 최소한의 표현이다. 따라서 어린이·청소년에게는 반말을 사용하는 것이 여전히 별다른 문제없이 받아들여지는 현상은 우리 사회에서 어린이·청소년에 대한 기본적인 존중이 제대로 실현되지 않고 있음을 나타낸다. 차별 없이 존댓말을 사용하는 것은 보다 공정하고 존중하는 사회적 분위기를 만드는 데 기여할 수 있다.

상호 반말이 아닌 일방적인 반말은 사람 사이의 관계에서 '위아래'가 존재한다는 착각을 불러일으킨다. 이러한 언어 문화는 위치와 관계에 따라 어느 한쪽이 '아랫사람'답게 행동하고 대우받아야 한다는 인식을 강화시킨다. 일방적인 반말이 당연한 사회에서는 그 밖의 하대와 불평등한 대우도 자연스럽게 여겨진다. 사람 사이의 평등한 관계를 형성하기도 어려워진다. 또한, 나이가 많은 사람에게 존댓말을 사용하는 것이 '예의'라고 하지만, 그렇게 일방적으로 요구되는 예의는 인간에 대한 존중이 아니라 수직적 관계와 차별 의식을 담고 있는 것이 아닐까? 이제는 나이와 관계없이 모든 개인을 평등하게 대우하고 존중을 표하는 문화가 필요하다. 나이를 기준으로 상대방을 다르게 대우하거나 차별하는 태도는 결국 사람을 구분하고 차별하는 것으로 이어진다.

우리는 왜 나이에 따라 위계를 정하고, 언어 표현에서 차별을 두는 것이 당연한 것처럼 받아들일까? 나이에 따른 언어적 위계가 사회적 규범으로 자리 잡으면서, 나이에 관계없이 모든 개인이 동등하게 존중받는 것이 아니라, 나이와 지위에 따른 위계와 차별을 당연하게 여기는 문화가 형성된 것은 아닌지 고민해 볼 필요가 있다.

'선생님'과 '학생님' 사이의 거리

청소년인권운동연대 지음은 2020년부터 '어린 사람은 아랫사람이 아니다 - 일상 언어 속 나이 차별 개선 캠페인'을 이어 오고 있다. 이 캠페인은 나이 위계에 기반한 언어와 태도를 문제 삼고, 어린이와 청소년이 아랫사람이 아닌 동등한 사회 구성원임을 인식시키기 위한 실천이다. 우리는 일상에서 너무도 쉽게 지나치는 말 한마디가 어린 사람을 하대하거나 내려다보는 태도를 드러낸다는 점에 주목했다.

"나이 어린 사람(특히 어린이·청소년)에게 반말, 하대를 하지 마십시오", "공식적인 자리에서 나이 어린 사람을 부를 때, 존칭(○○ 님, ○○ 씨 등)을 사용하십시오", "어린이·청소년의 몸이나 물건 등에 함부로 손대지 마시고 존중하십시오" 같은 문구를 담은 〈어린 사람에 대한 예의를 지킵시다〉 포스터를 제작해 학교, 공공 기관 등에 배포한 것도 캠페인의 일환이다. 포스터나 책자 등을 통해 우리는 단

나이 어린 사람(특히 어린이·청소년)에게 반말, 하대를 하지 마십시오. 공식적인 자리에서 나이 어린 사람을 부를 때, 존칭(○○님, ○○씨 등)을 사용하십시오.
친한 사이가 아닌 어린이·청소년에게 '○○ 친구'라고 부르지 말고 정중하게 대하십시오. 어린이·청소년의 몸이나 물건 등에 함부로 손대지 마시고 존중하십시오. 어린이·청소년과 함께 있는 자리에서 마치 그 자리에 없는 사람처럼 무시하거나 어린이·청소년에 대한 대화, 평가 등을 나누지 마십시오.

어린 사람에 대한 예의를 지킵시다

어린사람은 아랫사람이 아니다

* 청소년인권운동연대지음에서 진행 중인 <일상 언어 속 나이 차별 문제 개선 캠페인> 포스터입니다.

'어린 사람은 아랫사람이 아니다' 캠페인의 '어린 사람에 대한 예의를 지킵시다' 포스터. 반말과 하대뿐 아니라 어린이의 신체에 함부로 손대는 것, 어린이가 없는 듯 무시하는 것 등을 지적했다.

순히 언어 예절을 교정하는 것을 넘어, 어린 사람도 동등하게 존중받을 권리가 있다는 메시지를 전달하고자 했다. 어린 사람에게 존댓말을 쓰는 것이 예외적인 배려가 아니라, 사회 구성원으로서 지켜야 할 기본적인 규범이자 예의라는 점을 분명히 하고자 했다. 사실 100여 년 전, 1922년 어린이날 운동에서도 "어린 사람에게 경어를 써라"라고 요구했을 만큼 이는 유서 깊고 자명한 문제이다.

2023년 12월, 청소년인권운동연대 지음은 포스터에 이어서 〈나이 위계 없는 언론 보도 및 취재 가이드라인〉을 발표했다. 이 가이드라인은 언론 보도, SNS, 공공 기관의 홍보물 등 사회 전반에서 반복되는 나이 차별적 언어 관행을 바로잡기 위해 다섯 가지 원칙을 제안한다. 첫째, 나이에 따라 말투와 호칭을 달리하지 않는다. '○○ 군', '○○ 양', '○○ 친구' 등의 표현은 친근함이라는 이름으로 하대를 정당화하는 잘못된 관행이다. 둘째, 어린이와 청소년을 취재의 주체로 인정한다. 셋째, 나이에 따라 시민으로서의 권리나 위치를 다르게 보지 않는다. 넷째, 어린 사람을 귀엽거나 유행 이미지로 소비하지 않는다. 다섯째, 이러한 위계적 언어 문화를 바꾸기 위한 실천을 언론과 사회 전체가 함께해야 한다는 것이다.

이 가이드라인은 언론인을 위한 권고에 그치지 않고, 우리 사회가 나이를 기준으로 사람을 차별하지 말고 평등하게 존중하자며 공동의 실천을 제안한다. "어린 사람은 아랫사람이 아니다"라는 말은 지금 반드시 바꾸어야 할 현실을 가리키고 변화를 요청하는 문장이다. 모든 사람이 동등하게 존중받는 사회를 만들기 위해, 우리는 일상의 말과 태도에서부터 변화를 시작해야 한다.

2010년대 후반, 내가 고등학교에 다니던 시절의 일이다. 당시 교육청에서는 각 학교에 학생들에게 반말을 사용하지 말고 존댓말을 사용하라는 내용의 공문을 발송했다. 한 교사는 교실에서 화난 표정으로 "이제 교육청이 별 공문도 다 보내는구나. 이제는 학생들에게 반말하지 말라고 하고, '학생님'이라고 불러야 하나?"라고 하며 불만을 드러냈다. 교육청의 방침을 비꼬듯 조롱하며, 학생을 동등한 존재로 존중해야 한다는 요구 자체에 거부감을 드러낸 것이다.

하지만 교육청이 이런 공문을 보내온 까닭이 있었다. 학교 현장에서 반복적으로 발생해 온 체벌과 언어폭력, 그로 인한 인권 침해 문제가 불거졌고, 이런 문제에 대한 대책으로서 학생을 '존중받아야 할 존재'로 인식시키고자 한 조치였던 것이다. 학생 인권을 보호하고 존중하는 학교 문화 조성을 위해 필요한 최소한의 제안이었지만, 교사들은 이를 불편해하고 받아들이지 못했다. 학생을 함부로 대하는 언어 문화와 폭력적이고 권위적인 교육 문화가 깊이 연결되어 있음을 보여 준다.

말투는 태도를 담고 있고, 일상 속 언어는 상대방과의 관계와 존중의 정도를 드러낸다. 학생에게도 존댓말을 사용하는 언어 문화는 학생을 하나의 인격체로 대하는 태도와 맞닿아 있으며, 이는 학교 내 폭력과 인권 침해를 예방하는 데도 중요한 역할을 할 수 있다. 그런데도 이를 단순히 '불편함'이나 '과잉 요구'로 받아들이는 태도가 정작 문제의 본질을 외면하는 것이다. 그 교사는 존댓말을 사용하라는 권고를 비꼬기 위해 '학생님'이란 말을 들었지만, '학생님'이라는 호칭이 어색하게 느껴지는 현상에도 우리 사회의 언어 문화와 권력 구조가 담겨 있다.

우리는 일상에서 상대방에게 존중을 표할 때 흔히 '선생님'이라는 호칭을 사용한다. 이 호칭은 교사라는 직업을 지칭하는 것을 넘어서, 상대방의 존재를 존중하고 예의를 갖추려 할 때 사회적 관행으로 널리 쓰이고 있다. 병원, 미용실, 학원 등 다양한 공간에서 우리는 직업이나 나이와 관계없이 사람들을 '선생님'이라 부르며 기본적인 존중을 표현하곤 한다.

반면 '학생'이라는 호칭은 흔히 '아직 미완의 존재', '배워야 할 사람', '경험이 부족한 이'와 같은 이미지를 떠올리게 한다. '알바생', '사회 초년생'과 마찬가지로, 아직 사회적 경력이 부족하다고 여겨지는 위치를 상징하는 말이기도 하다. 이러한 호칭은 상대방의 지위나 능력을 축소해 해석하게 만들며, 때로는 그들을 함부로 대하거나 하대해도 괜찮다는 인식을 강화한다. '학생'이라는 단어 자체가 단지 학교에 학습자로 재학 중인 역할을 지칭하는 말이 아니라, 위계적 사회 구조 속에서 덜 존중받는 존재로 분류되는 의미를 가진다.

결국 '선생님'과 '학생'이라는 호칭의 차이는 사회가 사람을 어떻게 위치 짓고 대우하는지를 반영하는 상징적인 언어의 차이이기도 하다. '선생님'이라는 호칭이 지위나 나이와 상관없이 존중을 전제한 말이라면, '학생'이라는 호칭은 나이와 위치에 따라 상대방을 낮춰 보는 시선과 태도를 강화할 수 있다. '학생님'이라는 호칭이 어색하게 들리는 것은, 바로 우리 사회가 학생을 온전한 인격체로 존중하고 있지 않다는 데서 비롯되는 것이다.

존댓말을 둘러싼 이중적인 태도는 차별

또 다른 경험이 있다. 학생 인권을 주제로 한 토론회에 참여했을 때의 일이다. 참가자 중 한 교사는 토론회 자리에서는 청소년 참가자들에게 일관되게 존댓말을 사용했다. 하지만 토론이 끝난 뒤, 나에게 다가와 조용히 "사실 나는 존댓말을 잘 못 쓰겠어요. 학생이 우리 딸 같아서 자꾸 말이 헷갈리네"라고 말했다. 이어 "몇 살?"이라고 내게 물었고, 내가 나이를 말하자 "우리 딸이랑 같네. 그럼 이제 반말해도 되지?"라며 곧장 반말을 사용했다. 청소년을 존중해야 한다는 말에는 고개를 끄덕였던 사람이, 여전히 청소년을 아랫사람으로 인식하는 언어를 고수하고 있다는 점이 드러난 장면이었다.

어느 날 청소년 인권 교육을 위해 한 학교에 방문했을 때의 또 다른 경험이다. 학교 건물 엘리베이터에서 만난 교사는 나를 보자마자 아무렇지 않게 반말로 "몇 층 가?"라고 물었다. 나는 "3층이요"라고 대답했는데, 잠시 뒤 내가 교실에 들어서 강사로 소개되자 그 교사는 놀란 표정으로 나를 바라보며 머쓱하게 웃었다. 이후 그는 갑자기 존댓말을 쓰기 시작했고, "아, 전학생인 줄 알았어요. 선생님이 아니라 언니 같으셔서……"라며 변명하듯 말했다. 나이에 따라 말투와 태도가 손쉽게 바뀌는 우리 사회의 현실이다.

이처럼 나이를 기준으로 상대방의 위치를 판단하고, 그에 따라 말투와 태도를 바꾸는 언어 습관은 어린이·청소년을 일관되게 존중하지 못하는 이중적인 태도를 여실히 드러낸다. 존중은 '강사니까', '어른이니까' 지켜야 할 형식이 아니라, 누구와 관계를 맺든 기본적으로 갖춰야 할 예의이자 태도다. 그런데도 어린이·청소년은 여전히, 공식적인 자리에서조차 "그런 줄 몰랐다", "딸/아들 같아서" 같은 말 한마디로 하대의 대상이 되고 만다.

이러한 언어와 태도는 어린이·청소년을 '아랫사람'으로 대하는 차별적이고 위계적인 의식을 재생산한다. 이런 위계는 반말 말고도 일상 속에서 사용하는 표현 전반에 깃들어 있다. 예컨대, 초보이거나 서툰 사람을 '~린이'라고 어린이에 빗댄다든지, 무례하거나 자기중심적인 행동을 하는 사람을 "애도 아니고"라고 비난하는 등의 모습이 흔하다. 또 다른 예로 유튜버나 쇼핑몰 운영자들이 물건을 소개하며 흔히 사용하는 "이 아이는요"라는 표현처럼, 물건을 '아이'라고 부르는 언어 습관이 있다. 애정을 담은 표현일지 모르지만, 사람을 지칭하는 단어를 물건에 붙이는 이런 모습은 어린 사람을 더욱 쉽게 소유와 평가가 가능한 대상으로 여기는 인식으로 연결될 수도 있다. 이런 언어 표현들은 어린이와 청소년을 대하는 우리 사회의 무의식적인 태도를 드러내는 하나의 창이다.

2020년 12월, 인권교육센터 들은 《18세 선거권 시대, 청소년은 어떻게 시민이 되는가》라는 연구 보고서를 발표했다. 이 보고서에는 다음과 같은 내용이 실려 있다. "청소년을 가르칠 대상으로, 아랫사람으로 여기는 수직적 관계에서 시민 대 시민으로 만나는 제대로 된 토론을 기대하기 어렵다." 보고서는 청소년이 자신의 의견을 자유롭게 표현하는 데에 어려움을 겪는 주요한 이유로, 교육 현장에 만연한 수직적이고 위계적인 관계 문화를 지적했다. 특히 '학생을 아랫사람으로 여기는 교육'이 청소년이 스스로를 사회의 시민으로 인식하고 목소리를 내는 데 큰 걸림돌이 된다고 강조했다.

'아이들을 위해 무언가를 해야 한다'고 목소리를 높이면서도, 어린이와 청소년에게 존댓말을 사용하고 '○○ 님'이라는 존칭을 사용하는 것을 거부하거나 지나치다고 반응하는 모습은 한국 사회가 어린이·청소년에 대해 가진 인식의 한계를 잘 보여 준다. 평소 다른 사람들에게는 존댓말을 사용하고 예의를 갖추는 것이 기본이라고 생각하면서도, 나이 어린 사람들, 특히 어린이와 청소년에게는 일방적으로 반말을 사용하고 격식을 갖추지 않아도 된다고 여기는 태도는 명백한 차별이다. 그리고 이런 모습이 일반적으로 나타나고 허용되는 것은 사회적 문제다. 어린이와 청소년이 사회의 동등한 구성원으로 존중받는 것이 아니라, 일종의 '하위' 존재로 취급된다는 의미이다.

실제로 어린이·청소년의 의견은 종종 '미성숙하다', '충분히 알지 못한다'는 이유로 무시되거나, 비청소년들이 정해 놓은 틀 안에서만 제한적으로 수용된다. 어린이·청소년을 하대하는 문화는 그들의 목소리를 작게 만드는 효과를 낳는다. 이는 어린이·청소년이 시민으로 참여하고 행동할 수 있는 가능성을 구조적으로 차단하는 방식이기도 하다. 민주주의는 단지 선거권을 주는 것으로 보장되고 완성되는 것이 아니다. 사회 구성원 누구나 동등하게 대우받고, 의견을 낼 수 있는 문화와 구조가 함께 존재해야 진정한 민주주의가 실현될 수 있다.

세상은 정말 나아졌는가

청소년인권운동연대 지음은, '어린 사람은 아랫사람이 아니다' 캠페인의 일환으로 2021년 11월 3일 학생의날(학생독립운동기념일)을 맞이하여 〈학교 내 나이 차별적 언어문화 실태 조사〉(전국 중고생 697명 참여) 결과를 발표했다. 조사에 따르면, 수업 중 교직원으로부터 하대를 경험한 학생들이 70.29%에 달했다. 구체적으로, 교직원으로부터 "야"라는 호칭을 들었다고 응답한 학생은 71.16%, "임마"라는 표현을 들었다고 응답한 학생은 51.94%, "새끼"라는 언어폭력을 경험한 학생은 43.33%였다. 이 외에도 "너희 부모님이 이렇게 가르치셨니?", "대답 못하는 자식들은 깡통대가리" 등과 같은 막말과 언어폭력, 차별적 발언에 대한 제보가 다수 있었다. 이러한 조사 결과는 학교 내에서 학생들이 겪는 언어폭력의 심각성을 드러낸다. 또한 이 조사에서는 "학교에서 나이에 상관없이 서로 존대하고 친한 관계에서만 말을 놓는 문화가 확대된다면 더 평등하고 민주적인 학교가 될 것이다"라는 문장에 대해서는 79.05%가 동의하였다. 청소년인권운동연대 지음은 나이 차별적이고 학생을 존중하지 않는 문화를 개선하는 것이 언어폭력

등의 인권 침해를 줄이고 인권 친화적인 학교를 만드는 데 중요한 역할을 할 것이라고 강조했다.

모두가 어린이들을 위하고 아껴야 한다는 데에는 큰 동의를 보이지만, 구체적으로 어린이·청소년을 동등한 인격체로 존중하라는 주장은 반감을 사곤 한다. 특히, 어린이·청소년이 부모나 교사를 비롯해 어른에게 공경을 표하고 순종해야 한다는 전통적인 윤리적 압박을 재생산하는 주장이 아직도 널리 받아들여지고 있다. 이러한 주장은 구태나 악습으로 간주되지 않고 오히려 당연하고도 바람직한 사회적 규범으로 자리 잡고 있다. 그 결과 체벌 금지와 같은 정책이나 어린이·청소년의 인권을 보장하라는 요구가 곧 사회 질서를 위협하는 것으로 간주되고 우려를 사기도 한다. 심지어 학생인권조례와 같은 정책이 공격당하는 현실을 볼 때, 어린이·청소년의 기본적 권리를 보장하는 것에 대한 사회적 반발이 강함을 알 수 있다.

이는 어린이·청소년이 동등한 인격체로 존중받아야 한다는 기본적인 원칙이 사회 전반에 깊이 뿌리내리지 못하고 있기 때문이다. 어린이·청소년에 대해 차별적으로 인식하는 관점과 관행이 널리 퍼져 있으며, 이로 인해 그들의 인권과 존중을 보장하려는 노력은 많은 저항에 부딪히고 있다. 어린이·청소년을 '아랫사람'으로 바라보는 것이 지속되는 한 이런 문제도 지속될 것이다. 어린이에게 존댓말을 쓰거나 존칭을 붙이라고 하는 것에 "뭘 그렇게까지"라는 반응이 돌아오곤 하지만, '그렇게까지' 해야만 비로소 어린이·청소년의 인권을 함부로 침해하지 않는 환경이 만들어질 수 있다.

어린이·청소년의 인권에 대한 이야기를 할 때면 종종 "예전보다 많이 나아졌다"는 반응을 접하곤 한다. 이런 말을 들을 때면, 진짜로 변화한 것은 세상이나 사회가 아니라 그 말을 하는 사람 자신의 위치가 아닌가 싶다. 예전보다 나아졌다는 말은 때로는 변하지 않은 문제점을 지적하고 해결을 촉구하는 것을 가로막는 말이 되어 버린다. 실질적인 존중은 단순한 말뿐만 아니라 행동과 태도에서부터 나타나야 한다. 어린이·청소년의 인권을 위해서는 나이에 관계없이 모든 사람을 동등하게 대우하고, 어린이와 청소년을 사회적 구성원으로서 평등하게 존중하려는 노력이 중요하다. 세상은 결국 우리가 어떻게 행동하느냐에 따라 변화하게 된다. 어린 사람은 아랫사람이 아니다.

"어린이도
시민이다!"

―――――

어린이책에서 어린이 삶의
고통을 응시하다

―――――

김영미

"안녕하세요, 저희는 어린이책시민연대 활동가들입니다."

"어린이책 관련 활동하는 곳에서 왜 학생인권조례 운동과 청소년 참정권 운동을 해요?"

학생인권 관련 회의나 농성장에서 단체 소개를 하면 우리 어린이책시민연대가 인권운동을 하는 것에 대해 의아해하는 질문을 받곤 한다. 이름만 보면 독서운동단체로 보이는데 인권운동을 하고 있어서다.

하지만 어린이책 관련 운동을 하는 단체가 어린이 인권을 위한 운동을 하는 것은 이상한 일이 아니라고 생각한다. 문학의 역할은 타자의 슬픔과 고통에 공감하게 하는 것이라고 한다. 어린이문학은 어린이가 겪는 크고 작은 어려움을 위로하고 새로운 세계를 상상할 수 있도록 하기 때문에, 어린이책에서 어린이 삶의 고통을 응시하며 낮은 목소리에 귀 기울이는 것은 자연스런 일이다. 어린이를 보호의 대상으로만 규정하는 사회에서 어린이에게 책을 권하는 방식 등에 문제의식을 갖고, 어린이책이 보여 주는 세계와 개별적 존재로서 어린이의 삶을 들여다보며, 현실에서 어린이와 동료 시민으로 살아가기 위해, 어린이책시민연대는 '어린이도 시민이다' 운동을 하게 됐다.

우리가 어린이책 읽기를 하면서 어린이인권운동을 하는 것이 별개의 일이 아님을 그 맥락과 역사와 함께 소개해 보고자 한다. 어린이가 겪는 슬픔과 고통을 조금 더 예민한 감각으로 이해하려 하면서 어린이라는 타자가 '너'가 되고, '우리'가 되었다.

어린이를 이해하고 만나기 위해

"아이들을 진지하게 대한다면 그들의 능력에 놀라지 않습니다.

아이들의 지각 능력에 놀랄 때가 많은데, 그것이 바로 우리가 그들을 진지하게 생각하지 않는다는 증거입니다."*

어린이책시민연대는 어린이책을 읽고 어린이책에 그려진 어린이 모습을 살피고 토론하는 것을 기본 활동으로 하

---

* 야누슈 코르착, 노영희 옮김(2002), 《야누슈 코르착의 아이들》, 양철북.

고 있다. 어린이책은 현재 어린이의 삶을 보여 주는 것이며, 사회가 어린이를 대하는 기준일 수 있다. 어린이책에서 기성세대의 규범이나 문화, 질서에 익숙한 어린이만 주인공으로 하거나 착한 어린이만을 그리는 것은 그만큼 어린이를 억압하게 된다. 어린이책을 읽는 어른 독자들 역시 어린이책에 그려진 어린이를 익숙한 경험으로만 해석하고 소통하려 할 때 어린이를 어른들의 세계로 편입시키려는 대상으로만 보기 쉽다. 그래서 야누슈 코르착이 말한 '어린이를 진지하게 대하는 것'의 의미를 찾아 가며, 어린이책에 그려진 어린이 모습을 낯설게 만나기 위한 기준으로 삼고 있다.

어떤 어린이가 하는 말과 행동, 감정은 그 어린이를 알 수 있는 기회다. 궁금해하고 알려고 하면 더 많은 맥락을 가진 존재로서 특성을 알게 된다. 하지만 어린이의 능력에 놀라는 것은 어린이가 어른들이 만든 세상 속에 있어야 한다고 생각하기 때문이다. 이는 어린이에 대해 새롭게 알아가는 것이 아니다. 개별성을 갖는 어린이를 지워 버리는 것이다. 어린이를 진지하게 대하는 것은 타자로서 어린이를 이해하고 알려고 하는 자세이다. 어린이책에서 어린이가 어떤 상황과 맥락 속에 있고, 어떻게 느끼고 선택하며 살아가는지 알아내면서 작가가 어린이를 주체적이고 개별적인 존재로 그리고 있는지 살피고자 한다. 이는 독자로서도 낯섦과 만나는 용기를 내는 일이다. 어린이책에서 만나는 낯선 존재는 새로운 존재이고, 다른 존재를 이해하며 타자를 너로 만나는 경험을 할 수 있다.

2015년 학교와 가정에서 많이 사랑받는 '지원이와 병관이 시리즈'를 보면서, 어른들이 어린이를 어떻게 대하는지 구체적으로 짚어 보며 어린이를 진지하게 대하는 것에 대한 이해를 키웠다. 나쁜 습관 고치기, 거짓말 안 하기, 용돈 아껴 쓰기 등 어른들이 어린이에게 가르치고 싶어 하는 내용을 다루고, 어린이가 어른들이 원하는 결과를 해내고 칭찬받는 것에만 즐거워하는 존재로 그리는 것은 어린이를 진지하게 대하는 것이 아니다. 이는 어린이는 철없고 문제 투성이라 어른들의 충고나 꾸짖음, 칭찬으로 통제하고 가르쳐야 한다는 생각을 부추긴다. 주체성과 개별성을 지닌 어린이의 목소리를 들을 수도, 새로운 어린이를 만날 수도 없다. 어린이를 대상화하는 것이고 현실의 어린이도 차별하게 된다.

우리는 사람이 존엄하게 함께 살기 위해 서로 다름을 인정하고 서로 살피고 서로를 고양시키는 우정의 관계를 만들고자 한다. 누군가를 대상화하는 위계적인 관계로는 함께 협력하며 살아가기 힘들다. 옆에 있는 어린이의 말과 행동에서 알려 하고 귀 기울일 때 어린이와 동료 시민으로서의 관계를 맺을 수 있고 지속할 수 있다. 어린이를 진지하게 대해야만 상호관계를 지속해 나갈 수 있다.

그래서 어린이를 보호하고 가르쳐야 할 미성숙한 존재로 보는 것이 아닌, 시민으로서 어린이의 권리를 요구하는 활동에 집중하고 있다. 현실에서 나이가 어리다는 이유로 차별하고 배제하는 법과 제도, 문화를 당연시하는 폭력적인 상황을 보면서 어린이와 청소년뿐만 아니라 여성, 장애인, 성소수자 등 사회적 약자의 권리에 대한 이해를 높이는 활동을 하며, 누구나 존엄한 존재로서 평등하고 자유롭고 더불어 사는 사회로 나아가도록 확장해 가고 있다.

학생인권조례와 함께
어린이인권운동을 시작하다

우리가 어린이책에서 어린이를 진지하게 대하는지 살피고, 어린이의 주체성과 개별성을 강조하며 어린이인권운동을 하게 된 것에는 학생인권조례와의 만남이 큰 계기가 됐다. 그 만남은 어린이책시민연대가 설립되던 해인 2008년부터 시작한다. 이명박 정부의 학교 자율화 조치와 미국산 소고기 수입을 반대하는 집회에 참여했다가 "밥 좀 먹자! 잠 좀 자자!"라는 구호를 외치며 거리로 나온 청소년인권운동을 처음 만났다. 우리 회원들은 "0교시, 우열반, 미친 소까지 우리 아이들이 미칠 지경입니다. 아이들에게 부끄럽습니다"라는 피켓을 들고 구호를 외쳤다.(이때의 '아이들에게 부끄럽습니다'라는 구호는, 이후에 어린이를 대상화한 우리의 부끄러운 모습으로 두고두고 이야기하게 되었다.)

이어 2009년에 두발·복장의 자유와 체벌 금지, 야간자율학습 금지, 차별 금지 등 피켓을 들고 '사람으로 살고 싶다', '존중해 달라'라고 외치며 학생인권조례 제정을 요구하는 청소년인권운동 활동가들을 보았다. 어린이의 삶에 관심이 많은 우리는 학생도 사람이고 존중해 달라는 외침에 당연히 동의했다. 입시 위주의 학교, 0교시와 야간자율학습 등 학교 교육을 비판하며 학생인권조례 제정 과정에 참여했다. 학생인권조례 제정을 위한 길거리 서명전과 교육청 공청회에 참여하는 동안, 학생인권조례를 반대하는 이들이 '학생은 학생다워야 한다, 학생을 보호하기 위해 통제해야 한다'는 말을 전사처럼 외치는 모습을 보았다. 무례한 말을 아무렇지도 않게 하는 걸 들으며 '학생인권'으로 이야기하는 어린이의 인권이 법으로 보장되어야 함에 더욱 공감하게 됐다. "학생도 사람이다! 존중해 달라!"라는 말도 "존재를 지우지 말라, 함부로 대하지 말라"는 절박한 외침으로 들렸다. '어린이답다', '학생답다'라는 말이 얼마나 개별적 존재들을 무시하고 억압하는 표현인지 알고 권위적이고 무례한 언어를 지워 갔다.

이후 우리는 학생인권조례에 담긴 의미와 권리 내용들을 구체적으로 알아가면서 일상적인 관계에서 인권을 존중하는 삶과 학교교육에서 인권의 중요성을 공유하고 알리는 활동을 이어 갔다. 회원들은 일상적으로 하는 책 토론에서 인권을 이야기하였고, 강사들은 어린이책 읽기의 즐거움과 참삶을 실천하는 내용의 강의에 인권을 담았다. 책 토론을 하면서도 상대를 살피고 반응하며 존중을 실천하고, 주체적인 인물들이 더불어 살아가는 모습과 일하는 삶의 소중함, 놀고 쉬는 것의 소중함 등에 대해 나누고 있다. 인권의 관점으로 토론이 깊어지면서 고민 지점도 더 섬세해졌다. 감정의 소중함과 그것을 표현하는 법을 배웠고, 권리와 책무, 편견과 폭력, 함께 사는 것에 대한 이해를 구체화해서 적용해 보며, 알게 된 만큼 실천 활동도 하고 있다.

학생인권조례가 이야기하는 교육에 대한 인식 변화는 어린이를 바라보는 관점에도 큰 변화를 가져왔다. 교사가 가르치고 기르는 관점에서, 학생이 배우고 익히는 관점으로 달리 바라보게 된 것이다. 학생은 자신의 소질과 적성 및 환경에 합당한 학습할 권리가 있다. 교사는 학생이 자신에게 맞는 배움을 할 수 있도록 다양한 교육 내용과 방식을 제시하여, 학생이 스스로 시도해 보고 경험하면서 찾아 갈 수 있게 해야 한다. 그러면서 우리는 교육과정 선택권과 자율학습 및 방과후학교 선택권을 교사와 학부모가 아닌 학생이 갖도록 하는 운동에 참여하였다.

학생인권조례는 다른 학생과 비교되지 않고 정당하게 평가받을 권리와 학생들을 과도하게 경쟁시켜 학생들의 학습권 및 휴식권을 침해하지 않아야 한다는 것 등도 명시하고 있다. 이에 비평준화 지역인 충남에서 고교 평준화 조례를 제정하는 활동에 동참하였고, 경남에서 고입 연합고사 부활 시도에 맞서 활동했다. 회원들은 경쟁 교육의 과열로 인한 과중한 학업 스트레스와 다른 학생과 비교당하는 문제를 인권 침해라고 주장했다.

휴식권 보장에도 큰 관심을 가졌다. 노동 시간을 제한

하고 줄여 가는 것처럼 학생의 학습 시간도 줄여 나가야 한다. 청소년인권단체들이 한 학습 시간 실태 조사에 참여했고, 교육감 선거 정책 제안에 '0교시 폐지'와 '오후 3시 하교'로 학생들이 자유로운 시간과 공간을 가지고 충분한 휴식을 해야 한다고 주장했다. 무엇보다 휴식권을 통해 열심히, 성실하게 사는 것을 당연시했던 것을 돌아보며 게으르게, 가난하게 사는 삶에 관한 이야기를 나누었다. 어린이책을 토론하면서 놀고 쉼의 소중함에 대하여 이야기해 볼 수 있는 계기였다. 서로 다른 존재들이 함께 살아가는 공동체에서 능력주의로 차별하고 무임승차라고 비난하는 것에 대한 고민도 책 토론에서 이어 가고 있다.

교육의 폭력성을 돌아보다

2010년대 들어 학생인권조례의 제정과 여타 법령 개정을 통한 체벌 금지 조치는, 교육이라는 이름으로 어린이에게 가하는 물리적, 정신적 폭력에 대해 돌아보는 계기가 되었다. 폭력은 존재를 위축시키는 것으로, 우리는 폭력에 대해 '싫어! 멈춰!'라고 말하기 운동을 하기도 했다. 직접적으로는 인권단체들과 함께 '체벌 거부 선언', 아동학대처벌법 제정 운동을 했다. 이후 청소년인권운동연대 지음의 "체벌은 국가 폭력"이라는 주장을 접하고 체벌이 국가에서 용인한 폭력이었음을 새롭게 인식하고 캠페인에 동참하고 있다. 학생에게 물리적 제재나 폭력적 행동을 가하는 것도 '정당한 교육 활동'이라며 교사의 아동학대 면책권을 주장하는 것 등에 대해, 두려움과 공포를 주는 폭력으로는 어떤 교육도 이루어질 수 없다는 것을 분명히 했다. 책 토론에서도 폭력에 대한 감수성이 높아졌고 존엄과 존중의 가치에 대한 논의도 깊어졌다. 자신은 언제 폭력적으로 변하는지 알고, 다양한 행태로 표현되는 폭력을 인지할 수 있도록 알리는 활동도 이어 가고 있다.

체벌 금지 조치 이후, 많은 학교에서 상벌점제를 실시했다. 그러나 상벌점제는 문제의 상황에 대해 학생과 대화하고 협력하여 풀어가지 않고 학생을 모욕하고 통제하는 성격을 지니고 있다. 학생을 모욕하고 위축시키는 취지는 체벌과 다르지 않다. 우리는 학생인권에 대한 이해가 높아지면서 2011년 당시 어린이책으로는 드물게 발간 10년 만에 100만 부 판매를 달성하여 자축하는 황선미 작가의 《나쁜 어린이표》를 읽고 토론하면서, 지회마다 상벌점제에 대한 불편함을 이야기했다. 특히 자녀들이 다니는 학교에 다양한 상벌 스티커가 있다는 걸 알고 어떻게 항의해야 할지 함께 논의했다. 상벌점제가 어떻게 인권 침해가 되는지 공유하고 알리고자 다양한 분야의 사람들을 초대해 각자의 시선을 나누었다. 한 청소년 활동가는 발제에서 초등학생 주인공의 괴로움에 이입하면서 분노했다. 교사가 학생이 죽을 만큼 괴로운 시간을 보낸 것에 대해 알려 하지 않았고, 앞으로 '나쁜 어린이표'가 없어져 관리하기 어려워졌다며, 학생의 저항을 비밀에 부치며 축소시켰다고 지적했다. 죽을 것 같은 괴로움에서 벗어나고자 용기를 내어 어렵게 한 저항을 철부지 행위로 비하하고 함부로 대했다며 모욕감을 느꼈다고 했다.

우리는 여러 학교의 교칙을 모아 살펴봤다. 온통 학생을 규제하는 내용이고, 예측할 수 없는 자의적 기준이 부당하고 막연한 두려움을 키우고 있다는 생각이 들면서 학생인권조례의 필요성을 더 절감했다. 상벌점제가 어떻게 학생들에게 도전과 선택의 기회를 빼앗고 움츠러들게 하는지 나누고 실수와 실패에 대한 두려움을 키운다는 데 공감했다. 회원들은 자녀의 학교에 상벌점제가 있는지 물어보면서 상벌점제의 문제를 인식하게 했다. 가정통신문의 요구 사항이 학생인권조례에 잘 맞는지 살펴보고, 벌점제가

2011년, 어린이책으로는 드물게 100만 부 판매를 달성한 《나쁜 어린이표》를 읽고, 상벌점제가 어떻게 인권을 침해하는지 공유하고 알리는 자리를 마련했다.

있는 학칙에 항의했다. 단체 이름으로 학교에 의견서를 보내기도 했다. 교사가 편하게 학생을 지도하려고 하는 벌점이란 방법이 학생들에게 얼마나 상처를 주는지 아냐고 항변하는 어린이의 아픔에 공감했다. 이렇게 우리는 어린이책에서 어린이의 고통과 아픔을 어떻게 그리고 있는지 살피는 토론을 이어 가고 있다.

존재들에 대해 미처
생각하지 못한 것도 차별

학생인권조례 중 '차별받지 않을 권리'에 나열된 구체적인 항목은 '존재하고 있으나 그 존재에 대해 미처 생각조차 하지 못했던 사람'들을 돌아보게 했다. 우리가 성별 정체성과 성적 지향에 대한 개념도 낯설고 그 차이를 모르고 있었음을 발견했다. 장애인을 낯설어하고, 탈북민과 이주배경에 관한 이해도 부족함을 알게 되었다. 성소수자와 장애인을 우리 주변에서 많이 볼 수 없었던 것 자체가 곧 차별이었다는 것을 알았고, 장애학을 공부하면서 장애가 개인의 문제가 아니라 우리 사회에서 불편을 겪는 사람이라는 걸 인지했다.

어린이책시민연대는 사람은 서로 다르고 낯선 존재라는 인식에서 출발하여 다름에서 배움의 즐거움을 발견하는 책 읽기를 하고 있다. 여러 소수자들에 대해 어린이책에서 어떻게 다루고 있는지 살피며, 장애와 성소수자의 문제, 다양한 가족 형태와 성평등의 문제, 어린이와 청소년의 성에 대해 인식을 넓히고 있다. 성적인 존재로서 나 자신을 찾아 가는 어린이, 성적 지향을 드러내는 어린이, 정상 가족의 틀을 벗어나도 당당한 어린이, 장애나 외모의 편견에서 벗어나 자신의 마음을 소중히 하는 어린이가 주인공인 책을 함께 읽고 알리고 있다.

특히 청소년의 성과 임신, 청소년과 여성의 자위에 관해 이야기하며 우리 사회에서 금기시하던 영역으로도 관심을 넓혀 갔다. 여가부에서 내놓은 성인지 감수성을 높이는 다양한 책을 보면서 사춘기 시절 우리 몸의 변화에 대해 제대로 알지 못하고 수치심과 죄책감만 키웠다는 생각을 했다. 자기 몸에 대해 잘 알아야 자신의 몸과 마음을 소중히 할 수 있고, 폭력으로부터도 자신을 지킬 수 있다는 깨달음을 얻었다. 성과 관련한 책을 일상적으로 많은 사람들이 볼 수 있도록 가까운 도서관에 희망 도서로 신청하는 운동을 했다.

어린이도 시민이다

어린이책시민연대는 2018년부터는 청소년들이 정치적 발언권을 주장하는 목소리를 들으며 청소년 참정권 확대 운동에 동참했다. 대통령 탄핵을 외치며 촛불을 함께 들었던 어린이·청소년들이 정작 대통령을 뽑는 과정에는 참여할 수 없었다. 청소년의 삶에 영향을 미치는 정책 결정에 참여할 수 없고, OECD에서 유일하게 18세가 투표할 수 없는 나라라는 문제를 제기하며 청소년 참정권 연령 하향 운동을 했다.

우리는 학생인권조례가 있는 지역뿐만 아니라 전국에 있는 학생들의 인권이 동등하게 보장될 수 있도록 학생인권법 제정 운동에 함께하고 있다. 그러면서 여러 참여권에 대해서도 관심을 두게 되었다. 학교운영위원회에 학생 위원 참여 보장, 학생 자치 기구 법제화, 학칙 제·개정 시 학생 참여 보장, 정치적 발언권 보장 등이다. 어린이책을 읽으면서는 어린이의 발언권에 주목하여 살펴보고 있다. 누구나 스스로 생각하고 두려움 없이 질문하고 자신의 판단대로 해 보며, 더불어 사는 상상력을 격려할 수 있는 책을 찾아 알리고 현실에서도 어린이가 말할 자리가 많아지도록 하는 운동을 하고 있다.

우리는 사람을 '시민'과 '시민 아닌 자'로 나누지 않고 누구나 시민으로 대해야 한다는 생각을 바탕으로, 2017년 '어린이도 시민이다'를 선언했다. 촛불 혁명의 동지인 어린이를 '미숙하다'라는 수식어에 가두지 않겠다는 선언, '어린이는 생각하고 질문하고 타인에게 관심 갖고 무언가 시도해 보며 더불어 사는 존재'라는 선언이었다. 청소년 참정권 운동 등이 우리가 주장하는 '어린이도 시민이다' 선언과 이어져 한층 더 뿌듯했다.

이렇게 어린이책시민연대는 촛불 집회와 학생인권조례 제정 운동에서 시작해 전국 여러 지역에서 어린이·청소년의 인권을 이야기하는 활동에 함께했다. 이 과정에서 함께 공부도 하고, 인권에 반대하는 사람들과 부딪치면서 우리 사회가 어린이를 어떻게 대하는지 목격하였다. 그러면서 우리의 운동 방향이 '어린이를 함께 사는 동료 시민으로 대하자'로 명료해졌다.

어린이를 차별하고 억압하는 사회에 맞선 책문화운동

어린이책시민연대는 2008년 '바람직한 어린이책 환경

을 가꾸어 참삶을 실천한다'는 목적으로 거듭났다. 어린이에게 좋은 책을 권하고 좋은 생각을 전하려는 독서운동에서 벗어나, '좋은 책이 아니라 좋아하는 책이 있다', '내가 읽을 책은 내가 고른다' 등 자기 취향과 결정권을 중시하는 운동을 펼치고 있다. 이러한 운동은 1920년대 어린이 해방 운동과 맥을 잇고 있다. '어린이를 기존의 윤리적 압박과 경제적 압박으로부터 해방하고, 어린이가 고요히 배우고 즐거이 놀기에 족한 각양의 가정 또는 사회적 시절을 가능하게 하라.' 1922년 5월 1일 최초로 어린이날을 제정하고 그 이듬해 발표했던 어린이 해방 선언의 내용이다. 어린이가 겪고 있는 현실을 직시하고, 어린이를 억압하는 사회 구조를 바꿔 내야 한다는 주장이었다. 이는 어른들의 가치관과 규범에서 벗어나 어린이가 다른 사람과 관계에서 자신의 심리적·물리적 공간을 확보하고 시간을 자유롭게 결정할 권리를 갖는 것이다.

어린이책문화운동을 시작하며 어린이 해방 운동이 여전히 필요함을 인식하고, 어린이에게 책을 읽으라고 권하기보다 책 읽기를 강요하고 억압하는 사회 구조와 문화를 먼저 바꿔 나가려 했다. 책 읽는 즐거움을 경험할 수 있도록 '평등한 책읽기, 자유로운 책읽기, 꿈꾸는 책읽기'를 모토로 하고 있다. '평등한 책읽기'는 누구나 어디서나 책과 만날 수 있는 환경을 만드는 일이고, 독서의 본질이라고 할 수 있는 '자유로운 책읽기'는 자신의 경험과 취향 가치관 등으로 책을 읽고 해석하고 소통하는 것이다. 독서의 목적이라 할 수 있는 '꿈꾸는 책읽기'는 책 속에서 타자를 만나 이해하고 자신의 삶을 낯설게 보고 성찰하면서 변화하고, 더 나은 세계를 만나며 희망을 만드는 책 읽기이다.

우리는 어린이책에서 어린이를 그리는 모습과 현실의 어린이를 둘러싼 환경을 들여다보며 어린이가 겪는 고통과 슬픔에 공감하고, 응답하고자 했다. 그 새로운 기준을 얻게 된 계기가 학생인권, 어린이 인권이라는 새로운 언어를 얻은 것이었다. 그러면서 어린이가 어른들이 주는 보호와 사랑을 받는 대상이 아니라 권리의 주체임을 인식했다. 어린이가 당연히 누려야 할 권리에 응답해야 할 책무를 회피하고 있는 우리 사회 제도와 문화의 폭력성도 알게 됐다. 인권에 기반을 두면서 어린이책을 읽고 어린이 삶을 바라보는 시선이 달라지고 독서 정책에 대한 시선도 단호해졌다. 어린이책이 어린이를 오늘을 보고 느끼고 경험하고, 반복하는 과정에서 경험을 갱신하는 존재로 그리고 있는지 따져 보고 살핀다. 독서 정책에 있어서도 어린이에게 책 읽기를 강요하거나 책을 만날 기회를 차단하는 등 조종하거나 통제하는지를 살피고 막아 내려 한다. 우리는 어린이책에서 어떻게 어린이를 차별하고 어린이를 무력하게 만들고 있는지 연구하고 찾아내어 심포지엄을 열고, 어린이에게 책 읽기를 강요하는 제도와 자유롭게 책과 만날 기회를 막아 버리는 문화에 저항하는 운동을 펼치고 있다.

어린이책에서 어린이 모습을 어떻게 보여 주는가에 따라 현실의 어린이를 어른들의 규범과 질서에 가두게 되기도 하고, 어린이가 함께 사는 어른들과 갈등하며 자신만의 새로운 문화를 만들어 갈 수 있도록 희망을 주기도 한다. 여전히 어린이를 보호와 교육의 틀에만 가두고 불안하고 위험한 존재 혹은 밝고 순수한 존재로 대상화하는 것을 당연시하는 책들이 나오고 있다. 이에 우리는 어린이 문학이 누구의 목소리를 대변하고 있는지 살피고, 어린이가 이 사회에서 겪는 슬픔과 고통을 드러내어 공감하게 하는지 들여다보면서 어린이책을 읽으며, 문학의 역할을 살피고 제안하고 있다. 더불어 어린이의 삶뿐만 아니라 모든 약자의 삶이 차별과 억압 속에 있음을 알고 약자의 목소리를 드러내는 문학을 찾아 격려하고 현실의 삶에 영향을 줄

수 있게 하려 한다. 어린이책시민연대가 정기적으로 어린이와 어린이책 관련한 심포지엄을 하는 이유다. 누구나 존엄한 존재로서 차별받지 않고 평등하고 자유롭게 더불어 사는 사회로 나아가기 위해 심포지엄을 열어 다양한 방법으로 목소리를 내고 있다.

우리의 문제의식을 엿볼 수 있도록, 그동안 개최한 심포지엄 제목을 소개한다.

2010년 독서교육종합지원시스템은 책읽기의 즐거움을 앗아간다
2011년 나쁜 어린이표 백만부 판매와 상벌점제가 있는 사회를 돌아보기
2012년 우리 어린이문학에 길을 묻다, 어린이를 살리는 문학, 죽이는 문학
2015년 어린이책에서 어린이 짚어보기, 지원이 병관이 시리즈를 중심으로
2017년 어린이책과 독자의 권리, 어린이도 시민이다
낯선 시선을 통한 책읽기의 즐거움, 어린이문학과 여성주의
2018년 나이에 갇힌 금기, 어린이문학 어떻게 마주하고 있나

2019년　전국대토론회 - 린드그렌 작품으로 살펴보는 어린이의 시민성

2021년　어린이에 가려진 살아있는 어린이를 만나다

2022년　전국도서관대회 세미나 - 한도서관 한책읽기 사업의 비판과 전망

2023년　책토론을 돌봄사회를 위한 사회적 역량으로

2024년　열린 문 : 작은 활자들의 자유 - 어린이책의 금서 지정, 무엇이 문제인가?

어린이 해방 100년 - 어린이책 금기를 넘다, 다양한 어린이를 만나다

- 어린이책에서 동료 시민을 만나다

자유로운 독서를 위한 운동

2010년 교육부가 독서교육 종합 지원 시스템을 만들어 독서 이력을 대학 입시에 반영하겠다는 정책을 발표했다. 우리는 개인의 독서 이력을 시스템에 기록하는 방식으로 책 읽기를 강제하려는 취지를 파악했고 그 문제점을 알리면서 정책을 막아 냈다. 책 읽기를 강제하는 것, 책을 읽고 생각하고 느낀 점을 기록하여 검열하는 것, 읽을 책을

정해 주는 것 등 학생의 자기결정권과 독자의 권리 침해, 양심의 자유와 사적 기록물 검열 등 다양한 문제를 제기했다.

그러나 여전히 학교에서는 경쟁과 보상으로 독서를 강제하고 있다. 그래서 우리는 이후에 '내가 읽을 책은 내가 고른다' 운동을 확대해 나갔다. 다니엘 페나크가 《소설처럼》에서 말한 독자의 권리 10가지(책을 읽지 않을 권리, 건너뛰며 읽을 권리, 책을 끝까지 읽지 않을 권리, 책을 다시 읽을 권리, 아무 책이나 읽을 권리, 보바리즘을 누릴 권리, 아무데서나 읽을 권리, 군데군데 골라 읽을 권리, 소리내서 읽을 권리, 읽고 나서 아무 말도 하지 않을 권리)는 사람들에게 책 읽기에 대한 해방감과 자유로움을 주었다. 책을 읽지 않을 권리가 있을 때 책 읽기는 의무나 강요가 되지 않는다. 어린이가 책을 읽을지 말지를 결정하는 주체이며, 어떤 책을 어떻게 읽을지 결정한다는 것을 독서교육으로 제안하고 캠페인을 벌이고 있다.

어린이·청소년을 위한 성평등·성교육 도서가 금서로 지정되고 폐기당하는 상황에도 맞서서 운동을 벌이고 있다. 금서 지정은 성소수자, 장애인, 난민, 여성, 노인, 어린이 등 차별받는 존재들에 대해 위험하다는 편견으로 불안감과 두려움을 조장한다. 마찬가지로 어린이를 미숙하고 불안한 존재라고 규정하며 통제할 구실을 만든다. 그래서 어린이책에 금기를 두고 금서를 지정하는 것은 어린이를 차별하고 통제하는 것이다. 삶에서 존재하는 것을 마주하지 못하게 하는 것은 어린이를 더 무력하게 만들고 어린이에 대한 차별과 억압을 심화한다. 어린이에 대한 차별과 일방적 통제가 얼마나 어린이 삶을 고통스럽게 하는지 응시하고 이러한 시스템과 문화에 저항하기 위해 우리는 다른 단체들과 함께 '금서 읽기 주간' 등의 활동을 해 왔다.

누구나 언제나 어디서나 무엇이든 읽을 권리가 있다. 금서 읽기 주간의 기본 모토이고, 독자의 권리를 표현하는 말이다. 2015년 문화체육관광부와 경기도교육청이 특정 단체들의 '좌편향' 등의 자의적인 주장을 받아들여 공공도서관과 학교 도서관에서 책 12종을 검열하도록 지시한 사건이 있었다. 우리는 '도서를 검열하고, 도서관의 자유를 억압하고 출판 문화를 탄압'하는 행위를 멈추라며 국회에서 토론회를 열어 항의했다. 특히 '그 책을 읽은 학생을 찾아 지도하라'는 말에 더 참을 수 없는 당혹감과 모욕감을 느꼈고, 실제로 이 책을 읽은 학생이 받을 모욕감과 죄책감에 대해 공감했다. 학생의 읽을 권리와 양심의 자유를 침해하는 행위에 대해 사과하고 대책을 마련하라고 요구했지만 답이 없었다. 어린이를 차별하고 억압하는 금서 지정에 저항하고, 책을 읽은 학생이나 책을 비치하고 있는 도서관 등이 모멸감을 떨치고 당당하게 나아갈 수 있도록 매년 '금서 읽기 주간' 활동을 독려하고 있다.

**어린이를 동료 시민으로 만나고,
어린이책에서 다양한 어린이를 만나야 한다**

어린이책시민연대는 인권의 시선으로 책문화운동을 한다. 인권 감수성을 가꾸고 존엄한 삶을 위한 사회적 역량에 대해 고민하며 활동하고 있다. 책 토론의 경험이 돌봄 사회로 가는 역량이 될 수 있도록 집중하고, 사회적 돌봄에 대한 고민도 이어 가고 있다. 낯섦을 만나는 용기에서, 타자를 만나 타자가 '너'가 되는 변화와 성장을 경험하고, 환대가 시혜가 아니라 타자의 권리라는 인식을 확장하며 실천하고 공부하고 있다. 모든 사람들이 주체로서 서로 연루되고 변화하고 성장하는 기쁨을 얻는 더불어 사는 삶에 대해 모색한다.

2024년 금서 읽기 주간에 진행한 '열린 문 : 작은 활자들의 자유' 포럼에서 우리는 어린이인권운동과 책문화운동의 경험을 바탕으로 "어린이를 동료 시민으로! 어린이문학이 더 정치적이어야 한다!"라고 제안할 수 있었다. 어린이문학이 어른들에게 익숙한 욕망과 이념에서 벗어나 현재 어린이의 욕망을 드러내고, 통제 속에서 겪는 슬픔과 고통을 마주하고, 그들의 목소리를 확대해 보여 줘야 한다는 제안이다. 작가와 출판계는 성평등·성교육 관련 책의 금서 지정으로 읽을 권리를 빼앗기고 인권 침해로 고통받는 어린이의 슬픔과 분노에 응답해야 한다. 현장과 연대하고, 어린이책 속에서 공감과 위로의 편지를 받을 수 있도록 해야 한다. 그들의 존엄한 삶의 가능성을 발견하는 문학적 상상력을 발휘해야 한다. 현실이 상상을 압도한다면 현실을 더 예민하게 감각할 수 있도록 문학에 담아내야 한다. 도서관인은 지적 자유 수호의 전사임을 기억하고 누구도 차별하지 않고 정보를 수집할 자유와 정보 접근을 막는 일체의 검열에 맞서야 한다. 교사와 학부모들도 어린이들이 스스로 책을 고르고, 다양한 삶의 가치와 이념을 만나 스스로의 판단과 비판력을 키워 갈 수 있는 안전한 교육 환경을 만들 수 있도록 함께해야 한다.

어린이책에서 드러나지 않은 어린이 목소리를 들을 수

있게 되길 바란다. 모든 어린이가 어린이책에서 모든 어린이를 만날 수 있어야 한다. 자신과 같은 처지나 비슷한 고민을 하는 다채로운 등장인물을 만나고, 다양한 타자를 만날 수 있어야 한다. 어린이가 자신을 소중히 하고 타자를 이해하고 더불어 살아갈 수 있도록, 어린이책에서 보다 다양한 동료 어린이 시민을 만나길 바란다.

"어린이·청소년은 더 많은 자유 시간이 필요하다!"

어린이·청소년의 입장에서
교육 문제를 이야기한 '학습시간 줄이기'

따이루

한국에서 가장 심각한 어린이·청소년 인권 문제가 무엇인지 물으면 어떤 대답이 나올까? 아동학대 등 몇 개의 후보가 떠오르는데, 교육 제도에 관한 이야기가 상위권에 들 것이라는 점은 확실하다. 한국의 교육은 그동안 "과도한 교육열", "살인적인 경쟁", "입시 지옥", "줄 세우기 교육" 등 여러 말로 비판받아 왔다. 교육 제도에 뭔가 문제가 있고 이로 인해 어린이·청소년들이 고통받고 있다는 데 많은 사람이 공감한다. 어린이·청소년 대부분이 학교에 재학 중이고 그들의 삶의 많은 부분에 교육 제도가 영향을 미친다. 교육 문제는 어린이·청소년의 행복이나 건강 등 여러 문제의 원인으로 지목된다. 그러므로 어린이·청소년의 인권 보장을 위해 교육 개혁은 피할 수 없는 과제다.

그런데 많은 사람이 교육이 문제라고 말하지만 정말로 그렇게 믿을까. 그런 것치고는 교육 문제는 적극적으로 논의되지도 않고 나아질 기미도 없어 보인다. 과연 교육 문제가 누구의 입장에서 어떻게 이야기되고 있는지 돌아볼 필요가 있다. 예컨대 사교육비는 오래전부터 한국 교육의 대표적 문제로 꼽혔다. '아무리 공부하고 노력해도 (서울 강남 등) 특정 지역의 돈 많은 가정에 비해 입시 경쟁에서 불리하다'라는 이야기도 나온다. 그런데 이는 교육비 때문에 경제적 압박을 느끼는 부모의 입장에 좀 더 초점을 맞춘 것 같다. 입시를 통해 계층 상승을 기대할 수 있는 특정 계층의 입장에서 공정성을 따지는 것 같다. 그러면서 정부가 내놓곤 하는 사교육비 감소, 지역 간 교육 격차 해소 같은 정책들도 문제의 핵심을 빗나가고, 어린이·청소년의 삶을 바꾸는 데 별 효과가 없는 듯 보인다.

청소년인권운동에서도 교육 개혁은 오랫동안 중요한 의제였고, 비인간적이고 어린이·청소년을 '인적 자원' 취급하는 교육 정책을 비판하며 입시 경쟁 반대를 외쳐 왔다. 경쟁적인 입시 제도가 강제 야간자율학습과 차별 등 여러 인권 문제의 구조적 원인임을 지적해 왔다. 교육운동 단체들과 함께 '입시 폐지, 대학 평준화'를 요구하는 운동도 했다. 수능 시험일에 시험을 거부한다고 외치며 1인 시위를 한 청소년 활동가도 있었고, 2011년 결성된 '대학입시거부로 세상을 바꾸는 투명가방끈'에서 단체로 '대학입시 거부 선언'을 한 적도 있다. 그럼에도 여전히 교육 제도의 문제는 너무 커다랗고 추상적으로 보인다. 교육 개혁을 이야기하는 자리는 나라와 세계가 필요로 하는 인재상이라 거나, 복잡한 정책, 예산 이야기로 채워지곤 한다. 어떻게 하면 어린이·청소년의 삶의 문제로 교육 개혁을 이야기할 수 있을까. 이런 문제의식 속에 탄생한 것이 '학습 시간 줄이기' 운동이었다. 벌써 몇 년 지난 운동이지만, 어린이·청소년의 삶의 문제에 관하여 현재에도 유효한 문제의식을 담고 있고 어린이·청소년의 입장에서 교육 문제를 말하려고 한 몇 안 되는 사례이기에 소개하고자 한다.

너무 긴 학습 시간은 인권의 문제

2014년 내가 활동하고 있던 청소년인권행동 아수나로(아수나로)에서는 새로운 운동 의제를 찾고 있었다. 몇 개의 아이디어를 후보로 놓고 토론한 끝에 선정된 것이 '학습 시간 줄이기'였다. 이 주제가 선택받은 이유는 이러했다.

첫째, 전국의 어린이·청소년에게 관심과 지지를 받을 수 있는 문제였다. 당시에는 학생인권조례가 경기도, 광주광역시, 서울특별시, 전라북도 4개 지역에서만 시행된 직후였다. 그래서 두발·복장 규제의 정도가 지역별로 차이가 나기 시작해, 전국적으로 함께할 수 있는 새로운 의제가 필요했다.

둘째, 청소년인권운동이 오랫동안 비판해 온 입시 경쟁 교육의 문제점을 구체적으로 이야기할 수 있는 주제였다. 이를 통해 교육운동에서도 새로운 계기를 마련하고 교육 체제를 바꾸는 운동으로도 나아갈 수 있을 것이라는 기대가 있었다.

셋째, '학습 시간 줄이기' 운동은 잘되면 곧바로 청소년들의 삶에 체감되는 변화를 만들 수 있다. 그리고 이는 이후 청소년인권운동의 발전에도 도움이 될 수 있다고 보았다. 만약 자유 시간이 더 늘어나게 된다면 당연히 어린이·청소년의 삶의 질이 올라갈 것이고, 인권운동 등의 사회 활동에도 더 적극적으로 참여할 수 있는 조건이 만들어질 테니까. 어린이·청소년이 동네와 사회에서 함께 생활하고 참여한다면 어린이·청소년에 대한 사회적 인식도 바뀌게 될 것이라고 기대했다.

새로운 의제를 발굴해서 백지에서부터 주장을 만들려고 하니 준비도 많이 필요했다. 단순히 한국 학생들의 학습 시간이 너무 길기에 줄여야 한다는 막연한 주장으로는 활동을 만들 수 없을 것이었다. 그래서 먼저 관련된 통계

자료 및 연구 자료 등을 찾으며 주장을 구체화하고 다듬어 갔다.

일단 0교시(1교시 정규 수업 전에 일찍 등교시켜 보충·자율학습을 하도록 강요하는 것)나 야간자율학습 강요에 반대하는 활동은 오래전부터 있었기에 요구안에 당연히 포함되었다. 학원 심야 영업을 규제하는 법 제도도 이미 시행 중이었다. 다만 조례로 정하게 되어 있어 지역별로 영업 제한 시간이 달랐고, 일부 지역은 그 기준이 밤 10시나 12시인 터라 더 강하게 제한해야 할 것 같았다. 학교 수업의 경우는 하루에 몇 시간, 1년에 어느 정도를 하는 것이 적정하다고 할 수 있을지 찾기 쉽지 않았다. 몇 시간 정도의 학습이 건강이나 행복도에 적절할지를 연구한 내용이 있지 않을까 조사해 봤지만 잘 찾을 수 없었다. 어린이·청소년의 학습 시간을 규제하거나 줄이는 것에 대한 사회적 관심이 낮다는 것을 알 수 있었다.

우선 한국 어린이·청소년의 학습 시간이 너무 길다는 근거가 될 만한 통계 자료는 쉽게 찾을 수 있었다. 2009년 한국청소년정책연구원의 〈아동·청소년의 생활패턴에 관한 국제비교연구〉에 따르면 15~24세 청소년의 학습 시간을 비교한 결과 한국은 주 49.43시간, OECD 평균은 33.92시간으로 나타났다. 이 밖의 여러 조사에서도 한국 학생들의 학습 시간은 OECD 국가들 중 1위로 나타났다.

통계청, 〈2014년 생활시간 실태 조사〉에서 나타난 학습 시간

	초등학생	중학생	고등학생
요일 평균	5시간 23분	7시간 16분	8시간 28분
평일	6시간 49분	8시간 41분	10시간 13분

통계청에서 정기적으로 조사하는 '생활 시간 조사' 결과도 학생들의 학습 시간이 너무 길다는 문제의식을 뒷받침해 주었다. 2014년 조사에서 고등학생의 평일 학습 시간이 평균 10시간 13분(학교 8시간 21분, 학교 외 1시간 52분)으로 나타나는 등 중학생 때부터는 학습 시간이 법정 노동 시간보다도 긴 것으로 나타났다. 2002년 한 초등학생은 유서에 "아빠는 이틀 동안 20시간 일하고 28시간 쉬는데 나는 27시간 30분 공부하고 20시간 30분을 쉰다. 왜 어른보다 어린이가 자유 시간이 적은지 이해할 수 없다. 물고기처럼 자유롭게 살고 싶다"라고 썼는데, 이는 수십 년간 한국 어린이·청소년의 변함없는 현실이었다.

처음에는 학습 시간이 긴 원인이 주로 사교육 시간 때

문이지 않을까 예상했는데 그것만은 아니었다. 학교의 1년간 수업 시수, 수업 일수도 많은 편이었다. OECD 평균 수업 일수가 초등 187일, 중학교 185일, 고등학교 183일이었는데, 한국은 아예 「초·중등교육법」에 "190일 이상"으로 정해 놨고 실제 수업 일수는 약 195일이었다. 방학 일수만 봐도 프랑스 120일, 핀란드 105일, 미국 102일, 뉴질랜드 90일인 데 비해 한국은 78일이었다.* 이미 학교 수업 자체가 양이 많은데 거기에 보충·자율학습이나 사교육 시간이 더해지니 학습 시간이 길 수밖에 없었다. 즉 한국 어린이·청소년의 학습 시간 문제는 경쟁적 입시라는 커다란 압력은 물론, 애초에 학교 교육과정과 수업 시수 자체가 많이 편성된 문제, 정규 수업 외의 학습 강요, 사교육 문제 등이 복합적으로 작용한 결과였다.

학습 시간에도 제한이 필요하다

아수나로에서는 더 자세한 자료를 얻고자 실태 조사를 기획했다. 2015년 6월, 전국 초등학교 4학년에서 고등학교

---

* 교육부(2013), 〈교육과정 편제 및 수업시수에 대한 국제 비교 연구〉.

3학년 학생 6,261명이 참여한 조사로, 학습 시간과 부담에 대하여 실태를 상세하게 알아보려는 시도였다.

그 결과 인문계 고등학생의 평균 하교 시간은 오후 8시 8분이며 41.3%는 오후 10시 이후 하교하는 것으로 나타났다. 중학생은 평균 저녁 9시 7분에 사교육 학습이 끝났다. 방과후학교/보충수업은 중학교 34%, 인문계고 51.8%, 특성화고 36.8%가 학교나 친권자에 의해 참여를 강요당했다. 야간자율학습은 인문계고 42%가 학교나 친권자에 의해 참여를 강요당했다. 인문계고 학생 85.6%, 중학생 71.8%, 특성화고 학생 66.7%, 초등학생 43%가 "최근 학교나 공부, 성적 등 때문에 괴롭다고 느끼거나 스트레스를 느낀 적이 있다"라고 답했다. 조사에 참여한 학생들은 하루에 약 5~7시간 정도의 학교 학습 시간과 3.5~4시간 정도의 자유 시간이 적정하다고 생각했다.*

여러 통계와 연구 결과로도 그렇고, 어린이·청소년들이 실제로 느끼는 고통도 그렇고 너무 긴 학습 시간은 심각한 인권 문제였다. 노동 시간에 관하여 '하루 8시간, 주 40시

---

* 청소년인권행동 아수나로(2015), 〈2015 대한민국 초·중·고등학생 학습 시간과 부담에 관한 실태 조사 결과 보고서〉.

학생들이 적당하다고 생각하는 학습 시간, 자유 시간 등

	초등학교	중학교	인문계고	특성화고
학교 학습 시간	4시간 53분	5시간 43분	7시간 13분	6시간 27분
사교육 시간*	2시간 15분	2시간 10분	2시간 1분	-
수면 시간	8시간 19분	8시간 17분	7시간 38분	7시간 54분
자유 시간	3시간 45분	3시간 51분	3시간 27분	4시간 17분

간'이라는 기준이 있는 것처럼 학습 시간에 대해서도 구체적인 기준과 제한선이 필요하다는 것이야말로 학습 시간 줄이기 운동의 핵심이었다.

토론 끝에 아수나로는 학습 시간 줄이기 운동의 5대 요구를 마련했다. "① 9시 등교! 3시 하교! 하루 6시간 학습!(하루 중 수업 부담 감축, 수업 시수 줄이기) ② 방학 일수 늘리고 수업 일수 줄이고! ③ 보충, 야자, 학원 모두! 강제 학습 금지!(사교육과 학교교육을 막론하고 학습 강요 근절) ④ 야간/주말/휴일엔 학생에게도 휴식을! ⑤ 과잉 학습으로

---

* 사교육 시간에 대한 응답은 최근 사교육에 참여한 적이 있는 사람만 응답했는데, 특성화고 학생 집단은 응답 수가 적어 포함하지 않았다. 또한 문항 설계의 실수로 질문이 매일 또는 평일 중 계속 사교육에 참여하는 경우인지, 주 1~3회 정도 사교육에 참여하는 경우인지가 불명확했음을 감안해야 한다.

몰아넣는 경쟁 교육 개혁!(장시간 학습을 유발하는 환경 개선)"이었다.

5대 요구를 내걸며 적정 학습 시간 기준으로는 하루 6시간을 내세우기로 했다. 이를 위해선 가장 비중이 큰 학교에서부터 학습 시간과 부담을 줄이는 것이 필요했다. 그래서 첫째 요구로 '아침 9시 등교, 오후 3시 이전 하교'를 요구했다. 이렇게 하면 쉬는 시간 등을 빼고 학교에서의 학습 시간은 4~5시간이다. 여기에 사교육이나 과제 시간을 더해 하루 6시간이 되는 것이다. 밤 8시 이후 야간 학습의 경우에는 학교이든 학원이든 모두 제한해야 된다고 강조했다. 물론 자기 스스로 흥미를 가지고 자발적으로 도서관, 카페, 집 등에서 혼자 공부를 하는 경우는 제한 대상으로 생각하지 않았다(노동 시간을 계산할 때 가사 노동이나 개인적인 돌봄 노동, 취미 활동 시간 등을 계산하지 않는 것과 마찬가지다).

하루 단위의 학습 시간 외에 학습 일수와 학습 부담 전반도 줄여야 한다고 지적했다. 「초·중등교육법」상 수업 일수에 상한을 두어 '185일 이하' 같은 식으로 고치고 교육 과정을 개편하여 학습량을 줄이라고 요구했다. 경쟁적 교육 제도를 개혁하고, 교사든 부모든 어린이·청소년에게 학습을 강요하는 행위를 금지하라고 했다.

뜨거운 호응과 확장되는 문제의식

이러한 근거 자료들과 주장을 토대로 청소년인권행동 아수나로는 본격적으로 학습 시간 줄이기 캠페인에 나섰다. 온라인으로 5대 요구에 대한 동의 서명을 모으기 시작했고, 등하굣길에 1인 시위와 전단지 배포, 스티커 설문 등의 홍보 캠페인을 벌였다. 2015년 어린이날에는 장시간 학습이 학생들의 건강과 삶을 해친다는 걸 알리는 퍼포먼스를 했다. 2016년 어린이날에는 40여 명이 정부 청사와 국회 주변에서 퍼레이드를 하며 학습 시간 줄이기 운동을 알렸다.

등하굣길이나 거리에서 홍보 활동을 할 때 청소년들의 반응은 뜨거웠다. "학습 시간 셧다운"이라고 크게 쓴 피켓이 눈길을 끌었고 학습 시간을 줄여야 한다는 우리 주장에 대부분 공감해 주었다. "9시 등교, 3시 하교가 이루어진다면 뭐가 제일 하고 싶나요?"라는 주제의 스티커 설문에는 "잔다"라는 응답이 압도적인 표를 얻었다. 청소년들이 느끼는 수면 부족과 피로감이 단적으로 드러나는 장면

2015년 어린이날 전국 각지의 거리에서 학습 시간 줄이기 주장을 알리는 퍼포먼스를 했다. "경고! 새벽 등교, 강제 학습, 야간 학습, 과도한 수업량, 사교육 등 과잉 학습은 각종 스트레스 및 수면 부족의 원인! 그래도 방치하시겠습니까?"

이었다.

학습 시간 줄이기 운동은 약 3년 동안 진행됐고 그 대부분은 자료를 조사하고, 홍보물을 제작하며, 거리에서 주장을 알리는 조금은 지루한 시간이었다. 그래도 그중에서 몇몇 기억에 남는 장면들이 있다.

하나는 초반에 아직 홍보물도 몇 안 나오고 다소 지지부진하던 때, SNS에서 캠페인 사진이 큰 반응을 얻은 일이었다. 광주의 어느 학교 앞에서 활동가가 학습 시간 줄이기 5대 요구를 적은 피켓을 들고 1인 시위를 하는 사진이었다. 특별히 돈을 써서 광고를 하지 않았는데도 "9시 등교, 3시 하교" 등의 문구가 눈길을 끌었는지 SNS에서 알음알음 퍼지기 시작했고 조회 수가 폭발적으로 늘었다. 많은 사람이 댓글로 주장의 타당성에 대해 논쟁을 벌였고 온라인 서명 참여도 급격히 증가했다. 와닿는 주장, 의미 있는 주장을 꾸준히 알리면 사람들로부터 이런 반응이 돌아온다는 것을 알게 됐다.

또 하나는 아직 캠페인을 본격적으로 시작하기 전, 2014년 지방 선거 때 '9시 등교'가 이슈가 된 일이다. 당시 '인권친화적 학교+너머 운동본부'는 교육감 후보들에게 청소년들이 요구하는 10대 교육 정책을 주제로 설문 조사를 하여 발표했다. 그 무렵 학습 시간 줄이기 운동은 준비 단계였는데, 그 문제의식을 담아 설문 선택지에 '등교 시간 9시로'를 포함시켰다. 그런데 온라인 설문 결과에서 그 정책이 1,020표를 받아 1위를 차지했다. 많은 청소년이 "아침에 조금만 더 여유롭게 잠잘 수 있는 시간이 있으면 좋겠다", "아침밥 먹을 시간이 필요하다" 등의 의견을 남겼다.

이 설문 조사 결과는 나비 효과를 일으켰다. 경기도의 한 중학교에서 토론 및 사회 참여 활동으로 교육청 게시판에 정책 건의를 남겼는데 여기에서도 '9시 등교'가 요구할 정책으로 선정되었다. 그러자 당시 이재정 경기도 교육감은 '학생들의 의견을 수용해 9시 등교를 추진하겠다'고 밝혔다. 아마도 큰 부담 없이 추진할 수 있으면서 학생들의 의견에 귀 기울였다는 생색도 낼 수 있었기 때문이었던 것 같다. 곧 등교 시간을 늦추는 문제가 경기도만이 아닌 전국의 쟁점이 되었다. 학습 시간 줄이기 주장이 가진 힘을 확인한 계기였다. 아수나로는 이때 등교 시간만 늦추고 하교 시간이 그만큼 늦어진다면 효과가 제한적이며, 전체적인 학습 시간을 줄여야 한다는 주장을 알리려고 노력했다.

학습 시간 줄이기 운동을 하는 과정에서 예상치 못한

우려를 마주치기도 했다. 학생들에게 더 공부를 시켜야 한다거나 학력이 저하될 거라며 반대하는 의견이 많을 줄 알았고 이에 대해선 반론도 준비해 두었다. 그런데 우리가 만나는 비청소년들, 특히 부모들은 그런 점이 아니라 '일찍 하교하면 애들이 어디 있어야 하나'라는 걱정을 이야기했다. 부모가 저녁 6시나 7시가 넘어 퇴근을 하기에 돌볼 사람이 없다는 이야기였다. 학원을 보내는 것은 공부시키려는 것도 있지만 안전하게 맡길 장소가 필요해서 그런다고도 이야기했다. 어린이·청소년의 학습 시간을 줄이는 문제는 부모들의 노동 시간을 줄이는 문제와도 연결되어 있었다. 지역 사회에 어린이·청소년을 위한 기관과 공간이 부족하다는 것도 해결해야 할 문제였다.

아수나로는 이에 관해 논의를 확장시키기 위해 노동운동 쪽과 이야기를 나누어 보기로 했다. 민주노총에서 정책·연대 활동을 담당하는 활동가들과 비공개 간담회를 진행했다. 구체적인 연대 활동까지 기획하진 못했지만, 노동 시간과 학습 시간을 함께 줄이기 위한 운동이 필요하다는 공감대를 형성했다. 이후에는 청소년 문화 시설 등의 기관들과도 만나서 함께 안전하고 다양한 여가 활동을 위한 여건 조성도 요구하자는 이야기가 나왔다. 시간과 기회가 부족하여 더 넓고 다양한 활동으로 확대되지 못한 점이 아쉽다.

학습 시간 줄이기 캠페인은 2016년 9월 박주민 더불어민주당 국회의원을 통해 36,168명의 서명을 전달하고 국회 입법 청원을 제출하는 것으로 일단락되었다. 이후에는 평가와 정비를 거쳐, 본격적인 입법 및 제도화를 위한 활동을 새롭게 기획해 볼 생각이었다. 그러나 박근혜 대통령 퇴진 운동이 일어나고 청소년 참정권이 사회적 주목을 받게 되는 등 상황이 변화하여 새로운 활동으로 이어지지는 못했다.

어린이·청소년이 주체가 되어야 해결될 수 있다

보통 어린이·청소년들이 교육의 주체라고 이야기한다. 그러나 현실에서는 어린이·청소년은 교육 대상, '피교육자'로만 대접받는다. 교육 개혁에 관한 논의에서 역시 어린이·청소년들은 피해자로만 생각될 때가 많다. 어린이·청소년이 말뿐만이 아니라 정말로 교육의 주체가 되어야 한다. 교육 개혁의 목표도 그것이 되어야 하며, 교육을 개혁하는 과정 역시 어린이·청소년이 주체가 되어야 한다. 그러기 위해서 교육 문제를 어린이·청소년의 관점에서, 어린이·청소년의 삶의 문제로 이야기하는 것부터 시작해야 한다.

학습 시간 줄이기 운동의 의의는 그런 시도를 하려고 한 것에 있다. 교육 제도가 어린이·청소년에게 구체적으로 어떤 고통을 주는지를 드러내려 했고, 어린이·청소년의 삶을 실제로 변화시킬 수 있는 요구를 앞세웠다. 이 운동을 통해 장시간 학습 문제가 심각한 인권 문제임을 환기시켰고, 우리 사회의 문제의식도 좀 더 발전되었다. 아마 한계도 있었을 것이다. 특히 구체적이고 선명한 요구를 내세울수록 경쟁적·차별적인 구조 전반에 대한 논의가 잘 안 될 수 있다는 우려도 있었다. 예컨대 '9시 등교' 정책처럼 말이다. 학습 시간 줄이기 운동을 더 밀고 나갔어도, 교육 제도 전반에 대한 변화 없이 그저 등하교 시간이나 학원 심야 영업 제한을 일부 변화시키는 데 그쳤을지도 모른다.

그래도 어린이·청소년이 주체가 되는, 어린이·청소년의 삶을 바꾸는 교육운동은 더 많이 시도되어야 한다고 생각한다. 학습 시간 줄이기 운동을 다시 해 봐도 좋고, 다른 관점과 주제로 접근해 봐도 좋다. 내가 지금 활동하고 있는 투명가방끈에서 했던 '대학입시거부 선언'도, 10대 청소년들이 직접 입시를 거부한다는 목소리를 내려고 한 활동이다. 앞으로도 입시 경쟁 교육의 문제점을 어린이·청소년이 나서서 증언하고, 함께 변화를 요구하는 활동과 실천을 만들어 나가자. 그래야만 한국의 가장 심각한 어린이·청소년의 인권 문제 중 하나인 교육 문제를 해결할 실마리를 찾을 수 있을 것이다.

나가는 글

혐오와 보호는
함께 작동한다

공현

10여 년 전 청소년인권운동 활동가들이 '우리 사회의 어린이·청소년에 대한 혐오 문제'를 이야기했을 때 많이 돌아온 반응은 '그건 너무 나간 것 아닌가'였다. 아무리 그래도 어린이는 아끼고 보호해야 할 존재라는 인식이 강한데, 그들에 대한 혐오라는 게 널리 존재할 수 있겠냐는 말이었다. 어린이·청소년 혐오라는 개념을 낯설게 느끼며 그런 비판에 공감하지 못하는 사람들이 많았던 것이다.

그러나 2010년대를 거쳐 2020년대에 들어, 이제 한국 사회에 어린이·청소년 혐오가 나타나고 있음을 부정하기는 어려워졌다. 2019년 유엔아동권리위원회의 대한민국에 대한 심의 과정에서 르네 윈터 위원은 "전반적으로 한국은 아동을 혐오하는 국가라는 인상을 받았다. 국가, 교사, 미디어 등으로 고통받는 아동들이 있는데, 왜 아무도 아동 곁에 서 주지 않는가?"라고 발언했다. 이는 한국 사회의 열악한 인권 상황, 나아가 어린이·청소년 혐오를 외부의 시선에서 지적한 말로 받아들여졌다.

노키즈존은 어린이와 공존하고 싶지 않아 하는 마음을 드러낸다는 점에서 어린이 혐오의 대표적 사례로 지목되고 있다. 그 밖에도 어린이·청소년에 대한 혐오 표현이 유행어가 되고, 학생인권조례와 같은 제도가 폐지되고 후퇴의 위기에 놓이는 등 어린이·청소년 혐오는 곳곳에서 작용하고 있다.

어린이·청소년은 오래전부터 혐오의 대상이었다

어린이·청소년 혐오 문제가 최근에 불거지고 이슈화되긴 했으나, 과거에는 없었던 문제가 생겨난 것은 아니다. 어린이·청소년에 대한 혐오의 담론과 감정은 마치 공기처럼 깔려 있었다. 어린이·청소년을 비이성적이고 충동적이며 이해할 수 없는 존재로 묘사해 온 숱한 말들부터, '철없이' 어른들에게 경제적 부담을 주는 원인으로 지목하는 예, 청소년들이 길거리에 모여 있기만 해도 두렵다고 하는 사람들이나 '요즘 애들 무섭다', '무서운 10대들' 등의 표현으로 우범 집단으로 재현하는 언론들, 그리고 어린이·청소년을 폭력으로 응징·훈육할 대상으로 규정하는 언행들까지 혐오에 해당하는 모습은 쉽게 접할 수 있었다.

소수자에 대한 사회적 혐오의 성질을 들여다보면 어린이·청소년은 애초부터 혐오의 대상이 되기 쉬운 존재였다. 철학자 마사 누스바움은, 혐오는 우리의 동물성과 취약성을 떠올리게 하는 것에 대한 거부감에서 비롯되며, 사회문화적 혐오는 이러한 성질을 약한 집단에게 투사하는 것이라고 설명한다.* 어린이·청소년은 동물성을 강하게 가지고 있다고 생각되는 대표적인 집단이며 사회적 약자이기도 하다. 이들은 취약하고 돌봄이 필요한 존재이자, '인간이 덜 된' 존재로 여겨진다. 어린이·청소년은 곧잘 '짐승'으로 비유되고 생물학적(호르몬, 뇌 발달 등) 설명이 따라붙는다. 어린이들이 실제로도 많이 흘리고 어린이를 상징하

---

* 마사 너스바움, 조계원 옮김(2015), 《혐오와 수치심》, 민음사; "마사 누스바움 "코로나가 드러낸 편견과 혐오? 그 둘은 한 번도 숨겨진 적이 없다"", 〈경향신문〉, 2020년 6월 2일.

기도 하는 콧물·침, 그리고 영유아가 스스로 잘 처리하지 못하여 노출하는 대소변은 바로 누스바움이 혐오의 원초적 대상으로 든 분비물·배설물이다.

노키즈존에 관해 나오는 이야기들도 이런 혐오의 성격을 보여 준다. 어린이·청소년은 소란을 일으키고 위험을 초래하는 존재로 간주된다. 영유아의 대소변을 처리하는 모습이 주는 거부감도 노키즈존 옹호에 자주 등장하는 레퍼토리다. 사람들은 남에게 피해를 입히지 않고 정숙할 수 있을 만큼 '문명화'되지 않은 존재와 함께 있고 싶지 않다고 말한다. 노키즈존의 논리가 고전적인 여성 혐오의 성질을 띠며 '엄마'에 대한 혐오와 배제이기도 하다는 점도 많이 지적된 바다. 어린이·청소년과 동반하고, 그들의 배설물을 처리하며, 그들을 대변하거나 책임지는 '엄마'는 혐오의 대상으로 함께 묶이게 된다. 페미니즘은 여성을 모성애로 속박하는 것을 비판하고 "여성과 아이들은 형편없는 한 배에 탔다"라며 여성 억압과 아동 억압이 연결되어 있다고 했다.* 노키즈존은 어떻게 어린이·청소년과 여성이 함께 혐오의 대상이 되는지를 보여 주는 예시다.

---

* 슐라미스 파이어스톤, 김민예숙·유숙열 옮김(2016), 《성의 변증법》, 꾸리에.

옛날에 비해 어린이·청소년 혐오가 기승을 부리는 것 같지만, 어쩌면 이를 어린이·청소년의 인권이 향상되었기 때문이라고 해석할 수도 있겠다. 과거에는 어린이·청소년 혐오가 너무나 일상적이고 폭력적으로 나타나, 특별히 포착되거나 문제시되지 않았을 뿐이기 때문이다. 말하자면, 어른이라면 아무 때나 어린이·청소년에게 폭언과 모욕, 폭행을 해도 되는 세상에서는 굳이 어린이·청소년들을 혐오하는 논리나 말이 필요치 않은 것이다.

그래서 오늘날의 어린이·청소년 혐오는 상당 부분 백래시backlash의 양상을 보인다. 예를 들어, '민식이법 놀이' 괴담은 학교 앞 어린이 보호 구역에서의 교통 법규를 강화한 데 대한 반감을 역차별 서사로 정당화한다. 학생인권조례로 인해 '인권이 너무 많이 보장되어서' 학생들이 마음대로 행동하고 교사를 신고하여 괴롭힌다는 잘못된 믿음도 널리 퍼져 있다. 사회적 약자가 그들을 보호·지원하는 법 제도를 악용하여 오히려 '평범한 사람들'이 억울하게 피해를 본다는 서사이다. 노동자, 성소수자, 여성, 이주민, 장애인 등 여러 사회적 약자들에게도 비슷한 공격이 있어 왔다. 따라서 어린이·청소년 혐오가 불거지고 이슈가 되는 현상은, 우리 사회가 어린이·청소년의 인권을 보장하기 위해 한층 더 복잡하고 고도화된 고민과 노력이 필요한 단계에 진입했다는 신호로 읽을 수 있다.

동전의 양면 같은 보호와 혐오

어린이·청소년 혐오의 사례를 보며 눈살을 찌푸리는 사람들은 어린이를 사랑하고 보호해야 하는데 어찌 저러냐고 놀라고 성토하곤 한다. 하지만 우리가 혐오를 극복하기 위해서는 보호와 혐오가 상호의존하는 현상임을 인식해야 한다. 어린이·청소년을 보호하자고 크게 외치는 사회에서 어린이·청소년 혐오는 더욱 만연할 수 있는 것이다.

우선, 어린이·청소년을 보호의 대상으로 바라보는 데는 그들을 평등한 인간이자 시민으로 대하지 않는 한계가 있다. 어린이·청소년을 다른 사람들과 특별히 다른 존재로 포장할수록 어린이·청소년은 '우리' 외부의 대상으로 타자화된다. 보호를 위해 더 안전한 공간, 시설 안으로 분리되는 시간이 늘고 이는 어린이·청소년을 더 쉽게 혐오할 수 있는 조건이 된다. 또한 보호는 보호하는 주체와 보호받는 대상 사이의 권력관계를 만든다. '보호받는 어린이'는 곧 '통제받고 교육받아야 할 어린이'가 되기 십상이다. 학생인권에 반대하고 성교육·성평등 도서를 검열하려 하는 사람들이 '보호'를 내거는 것이 단적인 예다.

보호의 대상으로서 어린이·청소년이 순수하고, 귀엽고, 사랑스러운 존재로 묘사된다는 점도 부작용을 낳는다. 현실의 어린이·청소년은 당연히 마냥 순수하거나 사랑스럽지 않고, 나쁜 짓을 하기도, 남에게 피해를 입히기도 한다. 이로 인해 '보호받을 만한 어린이·청소년'과 '보호받을 자격이 없는, 혐오당할 만한 어린이·청소년'을 구분하는 논리가 만들어진다. '금쪽이'와 같은 혐오 표현에 담겨 있듯, 아이답지 않은 아이, '착한 아이'라는 범주를 벗어난 어린이·청소년은 손가락질당하고 욕먹어도 싸다고 여기는 것이다. 약자성, 취약함은 동정심을 불러일으키기도 하지만 거부감의 이유가 되거나 공격의 빌미가 되기도 하기에, 연민과 보호를 호소하는 것이 반감과 혐오를 정당화시키는 역설이 일어난다.

우리는 어린이·청소년 혐오와 어린이·청소년 보호를 동시에 넘어서야 한다. 다른 많은 소수자 차별의 문제가 그렇듯이 그 대안은 평등한 인간으로서의 존중과 공존이고, 총체적인 인권의 신장이다. 어린이·청소년을 우리 사회의 구성원으로 받아들이고 환대해야 하며, 평등하게 참여할 권리를 보장해야 한다. 그와 함께 어린이·청소년이 가진 취약성이 모든 사람에게 보편적인 것임을 인정하고, 어린이·청소년의 차이와 특성을 이해해야 한다. 이러한 인정과 이해는 어린이·청소년들의 세계와 어른들의 세계가 실질적으로 통합되고, 어린이·청소년들과 함께 생활해야만 증진될 수 있다. 우리 사회의 어린이·청소년 혐오를 비판하는 이 책의 이야기들이 세상을 그렇게 바꾸어 가는 데 작은 보탬이 될 것이라고 기대한다.

저자 소개

장하나
onethehuman@gmail.com

두리 엄마, 정치하는엄마들 사무국장, 전 국회의원. 전쟁 없는 세상, 차별 없는 세상, 아동학대 없는 세상, 모든 어린이가 마음껏 뛰놀고 한없이 꿈꾸는 세상을 만들고 싶습니다. 언젠가 딸에게 존경받는 엄마 그리고 동화 작가가 되고 싶습니다.

이은선
leesun131@ewha.ac.kr

청소년인권운동연대 지음 활동가. 고등학교에서 학칙을 바꾸는 활동과 학생인권조례 제정 활동을 하다가 2017년에 청소년인권운동을 만났다. 청소년이 그저 버티기만 하는 삶을 사는 것이 아니라, 부당한 순간에 목소리를 내고 실질적 변화를 일으킬 수 있도록 활동을 지속하고 있다.

백운희
act@politicalmamas.kr

정치하는엄마들 활동가. 아동학대대응팀장을 맡고 있다. 아동을 '우리 아이들'이라고 호명하며 미숙해서 보호가 필요한 대상으로 취급하거나, '금쪽이'라는 멸칭으로 부르며 존재 자체를 불편해하는 한국 사회에서, 아동이 주체로서 존중받으며 동료 시민으로 곁에 서기를 바라는 양육 당사자이다.

따이루
abcmansung@naver.com

초등학교 때는 학교 방송반 활동이 너무 재미있어서 나 홀로 새벽에 학교를 갔다. 고등학교 때는 학교에 갇혀 있는 게 지겨워서 자퇴를 했다. 현재는 재미없는 경쟁 교육을 종식시키기 위해 투명가방끈에서 활동하고 있다.

남궁수진
blessedsj11@gmail.com

정치하는엄마들 활동가. 오늘날 대한민국에서 양육자로 어린이·청소년으로 산다는 것이 어떠한지요. 그저 못 본 척 도망하는 우리의 태도는 부박하기만 합니다. 핍진하게 현실을 내보이려는 애씀에 함께하고자 글 한 자락을 보태었습니다.

난다
n23podo@gmail.com

어린이 시절, 식당에서 "몇 분이세요?"라고 물어봤는데 나는 빼고 어른들만 세어서 이상하다고 느꼈던 순간을 기억한다. 그때의 의문이 지금 청소년인권운동을 하는 삶으로 연결된 것 같기도 하다. 모든 사람이 인생의 모든 시기에 차별받지 않고 존엄하게 살 수 있는 세상을 꿈꾸며 청소년인권운동연대 지음과 투명가방끈에서 활동하고 있다.

김용설
monshelltt@hanmail.net

어린이책시민연대에서 활동하고 있다. '내가 읽을 책은 내가 고른다' 운동을 하며 어린이책에서 다양한 가치와 이념을 만났다. 누구나 자신을 소중히 하는 삶을 꿈꾼다.

김영미
ingekym@hanmail.net

어린이책시민연대에서 어린이책을 읽으며 어린이 삶의 고통을 응시하고 반응하는 활동을 한다. '인권'이란 언어를 얻은 것이 내 삶과 운동의 전환점이 되었다. 책과 사람을 읽는 역량을 키우는 것이 타자에 감응하며 함께 사는 길이고 덜 폭력적인 사람이 되는 길이라 믿고 있다.

곽지현
naandmu@hanmail.net

정치하는엄마들 권리 회원. 첫 아이가 태어나고 한 달 후 세월호 참사가 있었다. '국가가 지키지 못한 생명'에 대한 슬픔과 분노가 여전히 남아 있다. 길 위의 생명을 지켜 주길 간절히 바라며 정치하는엄마들 교통안전팀에서 함께 활동했다.

공현
gonghyun@gmail.com

청소년인권운동연대 지음, 투명가방끈 활동가. 고등학생 때부터 청소년인권운동을 쭉 해 왔다. 청소년인권운동은 10대만이 아니라 어린이도 포함해 나이 어린 사람들의 인권을 말하는 운동이라고 생각하며 책을 기획하고 글을 썼다.

교육공동체 벗

교육공동체 벗은 협동조합을 모델로 하는 작은 지식공동체입니다.
협동조합은 공통의 목적을 가진 사람들이 모여서 만든
권력과 자본으로부터 독립된 경제조직입니다.
교육공동체 벗의 모든 사업은 조합원들이 내는 출자금과 조합비로 운영됩니다.
수익을 목적으로 하지 않기에 이윤을 좇기보다
조합원들의 삶과 성장에 필요한 일들과
교육운동에 보탬이 될 수 있는 사업들을 먼저 생각합니다.
정론직필의 교육전문지, 시류에 휩쓸리지 않는 정직한 책들,
함께 배우고 나누며 성장하는 배움 공간 등
우리 교육 현실에 필요한 것들을 우리 힘으로 만들고 함께 나누고 있습니다.

조합원 참여 안내

출자금(1구좌 일반 : 2만 원, 터잡기 : 50만 원)을 낸 후 조합비(월 1만 5천 원 이상)를 약정해 주시면 됩니다. 조합원으로 참여하시면 교육공동체 벗에서 내는 격월간 교육전문지 《오늘의 교육》과 조합통신을 받아 보실 수 있습니다. 출자금은 종잣돈으로 가입할 때 한 번만 내시면 됩니다. 조합을 탈퇴하거나 조합 해산 시 정관에 따라 반환합니다. 터잡기 조합원은 벗의 터전을 함께 다지는 데 의미와 보람을 두며 권리와 의무에서 일반 조합원과 차이는 없습니다. 아래 홈페이지에서 조합 가입 신청을 하실 수 있습니다.

홈페이지 communebut.com
이메일 communebut@hanmail.net
전화 02-332-0712
팩스 0505-115-0712

교육공동체 벗을 만드는 사람들

※ 하파타순

후쿠시마 미노리, 황지영, 황정일, 황정원, 황이경, 황용호성, 황영수, 황선호, 황봉희, 황규선, 황고운, 홍지영, 홍정인, 홍승희, 홍순성, 홍성근, 홍성구, 홍서연, 현복실, 허장수, 허윤영, 허성실, 허성균, 허보영, 허광영, 함점순, 함영기, 한학범, 한재민, 한진, 한지혜, 한은옥, 한송희, 한성찬, 한석주, 한민호a, 한민호b, 한민혁, 한만숙, 한날, 한길수, 한경희, 하주현, 하정률, 하인호, 하승우, 하승수, 하승배, 편경희, 탁동철, 최희성, 최현미, 최한나, 최진규, 최주연, 최정윤, 최정아, 최은희, 최은정, 최은숙, 최은정, 최음미, 최유리, 최원혜, 최우성, 최영식, 최연희, 연연정, 최승훈, 최승복, 최선자, 최선경, 최봉선, 최보임, 최병우, 최병용, 최류미, 최대현, 최대범, 최광용, 최경미, 최경련, 채효정, 채종민, 채윤, 채민정, 차종숙, 차용훈, 진현, 진주형, 진용용, 진영준, 진냥, 지정순, 지수연, 주예진, 주순영, 조희정, 조혜원, 조현민, 조향미, 조해수, 조진희, 조지연, 조정희, 조윤성, 조원희, 조완배, 조용진, 조영현, 조영실, 조영선, 조여은, 조여경, 조성회, 조성실, 조성배, 조성대, 조석현, 조석영, 조남규, 조경애, 조경아, 조경삼, 조걸영, 제남모, 정회영, 정흥윤, 정현숙, 정혜레나, 정한경, 정춘수, 정진영a, 정진영b, 정진규, 정주리, 정종현, 정종민, 정재학, 정이든, 정은희, 정은주, 정은균, 정유진, 정유숙, 정유섭, 정원탁, 정원석, 정용수, 정예현, 정예숙, 정애순, 정소성, 정보라, 정민석, 정미숙a, 정미숙b, 정명호, 정명영, 정등년, 정대수, 정남주, 정광호, 정광일, 정광일, 정관모, 정경모, 정경원, 정경희, 전혜원, 전지훈, 전정호, 전유미, 전세란, 전보애, 전민지, 전미영, 전명훈, 전난희, 장주연, 장인하, 장은정, 장윤영, 장원영, 장시준, 장상욱, 장병훈, 장병학, 장병순, 장근영, 장군, 장경훈, 임혜정, 임향신, 임한천, 임하진, 임하영, 임지영, 임중혁, 임종길, 임정은, 임전수, 임수진, 임수노아, 임성빈, 임선영, 임상진, 임동렬, 임덕연, 임경환, 이회숙, 이희연, 이효진, 이호진, 이혜정, 이혜영, 이혜련, 이현, 이혁규, 이향숙, 이한진, 이하영, 이태영, 이태경, 이지형, 이층근, 이진희, 이진혜, 이진주, 이진숙, 이지홍, 이지혜, 이지항, 이지원, 이지영, 이지언, 이중석, 이주희, 이주영, 이종은, 이정희a, 이정희b, 이재익, 이재은, 이재영, 이인사, 이은희a, 이은희b, 이은향, 이은진, 이은주, 이은정, 이은영, 이은숙, 이은민, 이유엽, 이유승, 이유선, 이유미, 이유경, 이유진a, 이유진b, 이월녀, 이원납, 이용환, 이용석, 이용기, 이영화, 이영주, 이양아, 이연진, 이연주, 이연숙, 이연수, 이승태, 이승아, 이슬기, 이수현, 이수정a, 이수정b, 이수연, 이수미, 이성희, 이성호, 이성체, 이성숙, 이성수, 이선표, 이선영a, 이선애, 이선애a, 이선애b, 이선미, 이상화, 이상아, 이상직, 이상원, 이상대, 이병곤, 이범희, 이민정, 이민아, 이민숙, 이미옥, 이미숙, 이미라, 이문영, 이명훈, 이명형, 이동철, 이동준, 이동범, 이다연, 이남희, 이나영, 이나경, 이기자, 이기라, 이근철, 이근영, 이규빈, 이광연, 이계남, 이경화, 이경은a, 이경은, 이경림, 이경진, 이건희, 윤희연, 윤홍은, 윤지형, 윤종원, 윤예슬, 윤영빈, 윤영빼, 윤수진, 윤상형, 윤병일, 윤규식, 유효성, 유재웅, 유은선, 유영길, 유병준, 위양자, 원지영, 원윤희, 원성제, 우창숙, 우지영, 우완, 우수경, 오중근, 오정오, 오재홍, 오은정, 오은경, 오유진, 오세희, 오명환, 오동석, 영정신, 여희영, 여태진, 엄창호, 엄재홍, 엄기호, 엄기영, 양현미, 양흥준, 양재문, 양도선, 양은주, 양영화, 양연정, 양서영, 양상진, 양근라, 안효민, 안찬원, 안지숙, 안준철, 안정선, 안옥수, 안영신, 안영비, 안순억, 안미령, 심주호, 심은보, 심우향, 심승희, 심수환, 심동우, 심나은, 심경일, 신혜선, 신충일, 신창호, 신창복, 신중휘, 신중식, 신은정, 신유준, 신소희, 신성연, 신선용, 신미정, 신미옥, 승호영, 송해란, 송혜란, 송하면, 송이묵, 송유정, 송아미, 송훈a, 송승훈b, 송수연, 송용이, 송명숙, 송경화, 손현아, 손진근, 손지호, 손은경, 손성연, 손민정, 손미숙, 소수영, 성현석, 성열관, 성보란, 설원민, 선미라, 석육자, 석미화, 석경순, 서지연, 서정오, 서인선, 서은지, 서예원, 서명숙, 서금숙, 서강선, 상형규, 변현숙, 변나은, 백호영, 백행범, 배희철, 배주영, 배정현, 배이상헌, 배아영, 배민성연, 배경래, 방등일, 방경내, 박희진, 박희영, 박효정, 박환조, 박혜숙, 박혜명, 박형진, 박현희, 박현숙, 박현애, 박철호, 박진희, 박진환, 박진수, 박진교, 박지희, 박지홍, 박지원, 박종구, 박정희, 박정미, 박재선, 박재란, 박은하, 박은수, 박영주, 박옥주, 박옥근, 박연지, 박연정, 박신자, 박수정, 박소현, 박세임, 박성삼, 박성실, 박성현, 박복희, 박복선, 박미희, 박미옥, 박명진, 박명숙, 박동혁, 박도진, 박대성, 박노해, 박내력, 박기령, 박고형준, 박경화, 박경이, 박건형, 박건선, 민병성, 문호진, 문용석, 문영주, 문연심, 문수현, 문수영, 문수경, 문명숙, 문경희, 모은경, 맹수용, 망경내, 마효도, 마경희, 류현성, 류정범, 류주왕, 류우중, 류명숙, 류대현, 류기정, 류경옥, 도정철, 데와 타카유키, 노란나, 노영현, 노경미, 남효숙, 남정민, 남은정, 남윤희, 남원호, 남예린, 남미자, 남구연, 나여종, 나규환, 김희옥, 김풍규, 김룬태, 김효미, 김흥주, 김흥규, 김흥걸, 김혜영, 김혜림, 김현진, 김현주a, 김현주b, 김현영, 김현실, 김현택, 김현용, 김해경, 김필임, 김태혼, 김태현, 김진일, 김진희, 김진규, 김진숙, 김지훈, 김지혜, 김지원, 김지훈, 김지연, 김지미, 김지광, 김중미, 김준연, 김주영, 김중희, 김중은, 김종용, 김종숙, 김종성, 김종선, 김정삼, 김재형, 김재현, 김재미, 김임곤, 김이손, 김은재, 김은아, 김은식, 김은숙, 김은주, 김은주, 김은자, 김윤우, 김원예, 김상사, 김우영, 김용휴, 김용진, 김영진, 김용재, 김영일, 김영미, 김연정, 김연정a, 김연입, 김연미, 김아현, 김순철, 김수현, 김수진a, 김수진b, 김수영, 김수연, 김소희, 김소예, 김소영, 김세호, 김세원, 김성탄, 김성숙, 김성보, 김선희, 김선철, 김선우, 김선미, 김선구, 김석규, 김사화, 김서영, 김민결, 김미향, 김미진, 김미선, 김문옥, 김명회, 김명철, 김동현, 김동일, 김동원, 김동석, 김도식, 김다회a, 김다회b, 김다영, 김남철, 김나혜, 김기훈, 김기연, 김규태, 김규빛, 김광민, 김교종호, 김계립, 김영열, 김가연, 길지현, 기세라, 금현옥, 금현호, 권혜영, 권혁성, 권혁기, 권태호, 권자영, 권태윤, 권나나, 권루나, 권도용, 권국호, 권미지, 국찬석, 구자숙, 구원회, 구완회, 구수연, 구본희, 구미숙, 광흠, 곽혜영, 곽현주, 곽진경, 곽노현, 곽노근, 공현, 공진하, 공영아, 고춘식, 고진선, 고은종, 고윤정, 고영주, 고영실, 고병헌, 고병언, 고민경, 고미아, 강화정, 강혜리, 강현주, 강현정, 강한아, 강태식, 강준희, 강인성, 강이진, 강은영, 강용진, 강유미, 강영일, 강영구, 강수돌, 강성규, 강석도, 강서형, 강경모

※ 2025년 6월 30일 기준 758명

※ 이 책의 본문은 재생.용지를 사용해서 만들었습니다.